実践！
アフターコロナを生き抜く

ホテル旅館

事業再生と
融資支援のポイント

クロスワンコンサルティング株式会社
宇野　俊郎 代表取締役
古市今日子 シニアコンサルタント

ビジネス教育出版社

はじめに

　本書を執筆しておりました2023年1月は、新型コロナウイルスの「第8波」の最中でした。2022年の年末は感染者数が減少に転じたことで、全国的に「3年ぶりの行動制限のない年末年始」となり賑わいましたが、年が明けて再び感染急増の懸念が報道されていたところでした。

　ご存じのとおり、このような感染動向の報道に、ホテル旅館の宿泊予約数は大きな影響を受けていました。特に2020年に緊急事態宣言およびまん延防止等重点措置が発令された際には宿泊予約数が大幅に減少しました。それ以降、政府の施策や感染者数の動向に一喜一憂する状況が、すでに3年続いているわけです。コロナ禍の間に宿泊旅行に対する消費者心理が、大きく冷え込んだのは紛れもない事実です。しかもアフターコロナにおける消費者心理は、ビフォーコロナとは全く別物なので、たとえ感染動向が落ち着いても、完全に回復するまで道のりは険しいものとなるでしょう。

　一般にホテル旅館業は固定費の高いビジネスモデルのため、売上が下がると大幅な赤字に陥ってしまいます。それを回避するため、この間ほとんどのホテル旅館が資金繰りの手当てに奔走し、政府系金融機関や民間金融機関によるゼロゼロ融資を緊急避難的に活用してきました。また、予約人数の少ない日には全館クローズして従業員を休ませ、雇用調整助成金を申請することでキャッシュアウトを減らす例も多く見られました。

　このように2020年に新型コロナウイルスの感染拡大以後、多くのホテル旅館が、融資による資金手当てと雇用調整助成金によるキャッシュアウトの抑制によって何とか現預金水準を維持してきたというのが現実です。もちろん政府による全国旅行支援などの需要喚起策に助けられた面もありますが、いまだ消費者の心理改善は道半ばであり宿泊予約数の回復は遅れがちです。売上の回復が遅れ、キャッシュアウトが続いているホテル旅館もまだまだ多いと推察されます。

　コロナ禍以前の宿泊者数まで戻るのはいつになるのか、本業でのキャッシュインに転じるのはいつなのか。コロナ禍の厄介なところは、この「いつ？」が誰にも分からないという点です。今の時期の乗り切り方によっては、「現預金水準が危険水域に達してしまうホテル旅館が続出する可能性すらある」と言えます。

　もちろんホテル旅館だけでなく、あらゆる業種の将来がどうなるかは誰にも分かりません。しかし、経営者である以上、今こそ自身の仮説に基づく早期の経営判断が求められるのです。「本業の回復がいつになるか分からない、だからなるようにしかならない」と経営判断を先送りにするのか、それとも、「本業の回復がいつになるか分からなくて

も、1 年後にはコロナ禍以前の売上の 80％まで回復させる」という仮説を立て、そこから逆算して今できることを実行するのか、このスタンスの違いが、1 年後の会社のありように雲泥の差を生じさせるのは間違いありません。

　コロナ禍で過剰債務に陥ったホテル旅館の中にも、適正な事業性があるホテル旅館は確実に存在します。しかしながらコロナ禍で宿泊需要が大きく減退した状況下では、そのホテル旅館が持っている本来のポテンシャル、正常収益力が非常に見えにくくなっているのも事実です。

　そこで本書では、今後ホテル旅館がとりうる成長戦略と、おそらく多くのホテル旅館がとらざるを得ない競争戦略を具体的にお示し、その上で金融機関の立場から「どのようなホテル旅館を、どのように支援するべきなのか」の判断基準を具体的に提示します。さらにファンドの立場から、どのようなホテル旅館に投資をして事業再生を図れば良いのかをお示しするとともに、事業再生型 M&A の実務上のポイントについても整理しました。

　新型コロナウイルスがもたらした異常事態はまだしばらく続くという前提のもとに、本当に残さなければならないホテル旅館をどのように見抜くのか、そのようなホテル旅館をどのように支援していけばよいのか、金融機関やファンドの皆様にとって有用なノウハウをまとめたのが本書です。ぜひご活用いただき、少しでも前向きにホテル旅館の事業継続に取り組んでいただきたいと切に願っております。

2023 年 6 月

　　　　　　　クロスワンコンサルティング株式会社　代表取締役　宇野俊郎

本書では、日本国内で新型コロナウイルス感染症が拡大し始めた 2020 年の春頃より前の時期のことを「ビフォーコロナ」、2020 年春頃から 2024 年頃までを「コロナ禍」、それ以降の時期（収束後も含めて）のことを「アフターコロナ」と表記します。

目　次

はじめに

第1章　新型コロナウイルスで一変したホテル旅館業界 ··· *1*

① ビフォーコロナのホテル旅館業界 ·································· *2*

② 2020年に始まったコロナ禍で何が起きたか ················· *5*

第2章　[事例]生き残るホテル旅館、死にゆくホテル旅館 ···*17*

① [事例] 生き残りに向かって進もうとする X 旅館 ··············· *18*

② [事例] 破綻の文字がちらつく Y 旅館 ······················· *22*

第3章　ホテル旅館が生き残るには ··························*27*

① 生き残りに向けた2つの方向性 ···························· *28*

② 方向性（1）既存のマーケットで戦う ························· *30*

③ 方向性（2）新しいマーケットに出る ························· *45*

第4章　ホテル旅館のこれからの見通しと課題（業態別）···*49*

① ホテル旅館の主要4業態 ································· *50*

② ホテル旅館のこれからの見通しと課題 ······················ *51*

第5章　ホテル旅館の正常収益力の考え方 …………………………57

1 その業績悪化は、本当にコロナ禍のみによるものか …………………58

2 正常収益力の概念 ………………………………………………………60

3 正常収益力の判断材料となる事業性評価の進め方 …………………62

第6章　事業性評価結果の分析 …………………………………77

1 大中規模の旅館の事業性評価…………………………………………78

2 小規模旅館の事業性評価 ……………………………………………85

3 ビジネスホテルの事業性評価 …………………………………………90

4 シティホテル・リゾートホテルの事業性評価 ………………………96

第7章　アフターコロナの正常収益力の算定と 支援の具体的手法 …………………… 103

1 アフターコロナの正常収益力を決定づける3つの要素………………… 104

2 アフターコロナの正常収益力の見極めステップ ……………………… 106

3 ホテル旅館の支援姿勢の検討手法 …………………………………… 116

4 [事例] 正常収益力を踏まえて再生を目指すF旅館 ………………… 129

第 8 章　M&A によるホテル旅館の事業再生 ……………………… *139*

① ホテル旅館の経済的・社会的意義 ………………………… *140*

② 事業再生の局面にあるホテル旅館に対する投資判断の特徴 ……………… *142*

③ 装置産業の視点による投資の判断基準のポイント ………………… *144*

④ 労働集約産業の視点による投資・再生の判断基準のポイント …………… *151*

⑤ 事業再生型（私的整理）M&A のプロセスと実務 ……………… *153*

巻末付録　「ホテル旅館の事業性評価シート」 ……………… *165*

① 「事業性評価票」 旅館（客室 30 以上）用 ………………………… *166*

② 「事業性評価票」 旅館（客室 30 未満）用 ………………………… *170*

③ 「事業性評価票」 ビジネスホテル用 ……………………………… *174*

④ 「事業性評価票」 シティホテル・リゾートホテル用 ………………… *178*

⑤ 「事業性評価結果」のシート（4 業態共通） ……………………… *182*

⑥ ダウンロードサイト ……………………………………………… *184*

用語集 ……………………………………………………………… *185*

本文中、※のある用語については、巻末の用語集をご参照ください。

第1章
新型コロナウイルスで一変した ホテル旅館業界

●この章のポイント●

新型コロナウイルスの感染拡大がホテル旅館業界に与えた
影響の甚大さは、コロナ禍で宿泊需要が縮小したこと自体
よりも、ビフォーコロナとの"落差の大きさ"にあります。
コロナ禍の影響について説明する前に、ビフォーコロナの
ホテル旅館業界がどういう状況にあったのかを振り返って
みましょう。

1 ビフォーコロナのホテル旅館業界

1) インバウンドの急増

　ビフォーコロナのホテル旅館業界を象徴するトピックは、何といってもインバウンド※の急増です。

【図表1】訪日外国人旅行者数の年次推移（～2019年）

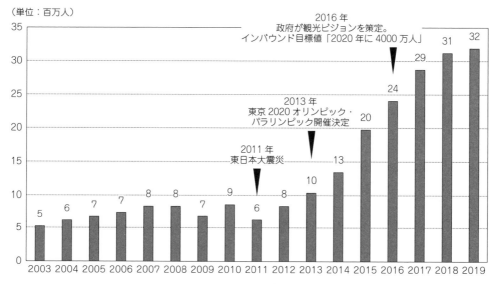

(単位：百万人)

- 2016年 政府が観光ビジョンを策定。インバウンド目標値「2020年に4000万人」
- 2013年 東京2020オリンピック・パラリンピック開催決定
- 2011年 東日本大震災

2003	2004	2005	2006	2007	2008	2009	2010	2011	2012	2013	2014	2015	2016	2017	2018	2019
5	6	7	7	8	8	7	9	6	8	10	13	20	24	29	31	32

出典：日本政府観光局（JNTO）「訪日外客数」

　日本を訪れる外国人旅行者の数は、2013年ごろまで年間およそ800万人前後の水準で推移していましたが、2013年に東京2020オリンピック・パラリンピックの招致が決定したころから政府は観光を成長戦略の大きな柱の一つに位置付け、2016年に策定された観光ビジョンでは「2020年までに訪日外国人旅行者数を4,000万人に拡大する」という目標が掲げられました。その目標達成に向けて、ビザの発給条件の緩和や航空ネットワークの拡大、観光現場のハード・ソフトの整備など、国を挙げた様々な政策が展開され、それらは確実に結果につながっていきました。訪日外国人旅行者数は図表1のグラフのとおり毎年すさまじい勢いで増えていき、2018年には3,000万人を突破、政府が掲げた目標「2020年までに4,000万人」の達成が、現実味を帯び始めていました。

2) ホテル旅館業界におけるインバウンドへの対応

　インバウンドの急増は、ホテル旅館の現場にも目に見える形で変化をもたらしました。

たった数年のうちに客層が大きく塗り替わったからです。

【図表 2】 国内の延べ宿泊者数の年次推移（〜 2019 年）

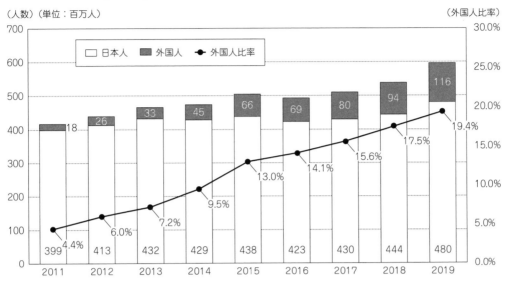

出典：観光庁「宿泊旅行統計調査」

　図表 2 のとおり、宿泊施設の宿泊者に占める外国人の比率は、2011 年の時点ではわずか 4.4% でしたが、2019 年には 19.4% まで増加しています。全国平均で見れば、2019 年には宿泊客の 5 人に 1 人が外国人であったという計算になります。外国人に人気の観光地ではそれをはるかに上回り、外国人が顧客の中心といった地域すらありました。この客層の変化に対応するため、ビフォーコロナの数年間、多くのホテル旅館が集客方法やおもてなしのやり方、料理などの見直しに取り組みました。例えば、外国語への対応として、多言語版の館内案内資料の作成、フロントでの多言語に対応した翻訳ツールの設置、接客担当者に対する基本的な英語教育などの対応がなされました。また、インバウンドのお客様の増加に備えてキャッシュレス決済端末を導入するなど、ハード面・ソフト面ともに、急増するインバウンドへの対応に懸命に取り組んでいました。

　こういったインバウンド対応のための補助金もありました。例えば、観光庁が 2016 年から開始した「宿泊施設のインバウンド対応支援事業」もその一つです。訪日外国人が快適に利用できるホテル旅館を増やすための補助金で、具体的には館内の Wi-Fi 整備、ホームページの多言語化、館内共用部のトイレの洋式化など、インバウンド対応のためにかかる経費が対象で、多くのホテル旅館がこの補助金を活用してインバウンド対応を進めました。

3）客室の高稼働、相次ぐ新規ホテルの開業

こうしたインバウンドの増加につれてホテル旅館の稼働は高まっていきました。図表3に示すとおり、宿泊施設全体の客室稼働率は2011年の時点で51.8%だったのが、2019年には62.7%と10ポイントも上昇しました。

【図表3】客室稼働率の年次推移（〜2019年）

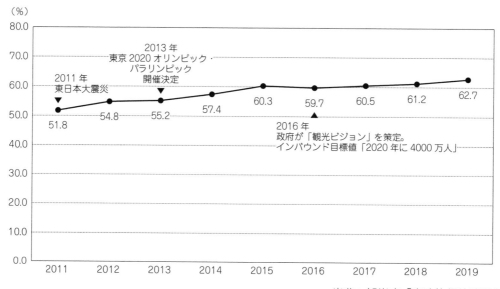

出典：観光庁「宿泊旅行統計調査」

また、東京2020オリンピック・パラリンピックが近づくと、都市部を中心にホテルの新規開業が相次ぎました。有名ホテルが新築する大規模ホテルから、ベンチャー企業が古い雑居ビルをリノベーションしたスタイリッシュな新業態ホテルまで、多種多様なホテルが活発につくられました。そのため供給過多を懸念する声も一部にありましたが、いずれも開業直後から高い稼働率をたたき出し、客室単価は上昇し続けました。まさに天井知らずのインバウンド需要の高まりに、日本中がビジネスチャンスを期待して異様な熱気に包まれていた。そんな時にコロナが襲ったのです。

2　2020 年に始まったコロナ禍で何が起きたか

　2019 年 12 月、中国の武漢市で原因不明の肺炎患者が確認されたのを契機に、たちまち世界中に新型コロナウイルスの感染が拡大しました。

　日本では 2020 年 1 月に国内初の感染者、2 月には国内初の死者が確認されました。3 月には東京 2020 オリンピック・パラリンピックの延期が決定、著名人の感染事例が連日報道されたことで、新型コロナウイルスに対する社会全体の認識が一気に深刻なものとなりました。本格的なコロナ禍の始まりです。

　前述したとおり、ホテル旅館業界はコロナ禍が始まるたった数か月前まで、急増するインバウンドと伸び続ける客室稼働率に押され、熱気に包まれていました。それが一転、まるで高いところから突き落とされるように、業界全体が一気に冷え込んでしまったのです。

1）政府による行動制限

　2020 年 2 月に首相が全国の学校へ臨時休校要請を出したことを皮切りに、新型コロナウイルスの感染拡大防止のため、政府による様々な行動制限が行われました。もちろんホテル旅館をはじめとする観光業界にとって、行動制限は大打撃です。

　中でも国民や事業者の行動に大きく影響を与えたのが、緊急事態宣言やまん延防止等重点措置の発令でした。緊急事態宣言は 2020 年 4 月に初めて発令された後、2021 年 1 月、4 月、7 月に、まん延防止等重点措置は 2021 年 4 月と 2022 年 1 月に発令されました。地域によって発令から解除までの期間は異なりますが、概ね数週間から数か月程度で、期間中は観光需要のみならずビジネスの出張による移動も抑制されたため、ホテル旅館の予約状況は壊滅的な水準まで落ち込みました。また、各自治体が独自に行った外出自粛要請も大きな影響を与えました。

　国内の移動だけでなく、外国からの入国も厳しく制限されるようになりました。国内初の感染者が確認された直後、まずは中国からの外国人の入国拒否が決定され、2020 年 4 月には全世界からの入国者に 2 週間の待機を要請するという強力な水際対策がとられました。外国人の新規入国は原則禁止とされ、ビジネス関係者や留学生など一部の人を対象に感染状況に応じた随時緩和措置をとるという、事実上国際的な人の往来を停止する状態が続きました。これにより、2019 年まで続いたインバウンドの増加は完全に終焉を迎え、日本中から外国人旅行者の姿が消えたのです。

2）旅行需要が失われた

　政府による行動制限と、人々の感染に対する不安感の増大によって、旅行需要はみる
みる縮小していきました。

　まずはコロナ禍のインバウンドの動向ですが、2019年以降の訪日外国人旅行者数の
変化を月単位でまとめたのが図表4です。2019年まで高水準を維持していた訪日外国
人旅行者数は、2020年に入った途端に激減し、ほぼゼロの水準で推移しています。よ
うやく2022年に入り水際対策の緩和によってインバウンドが戻り始め、2022年10月、
11月には大きく伸びました。しかし、2019年の同時期に比べるとまだ半分にも達して
いませんし、今後の動向は不透明です。執筆時点（2023年1月）では、ビフォーコロ
ナの訪日外国人旅行者の多くを占めていた中国において、2022年12月にゼロコロナ政
策を解除したことで再び感染が拡大しているとの情報がもたらされ、日本は中国からの
水際対策を再強化しました。こうした状況に鑑みれば、2024年以降のインバウンドの
動向は中国に大きく左右されることになると言えそうです。

【図表4】訪日外国人旅行者数の月次推移（2019年〜）

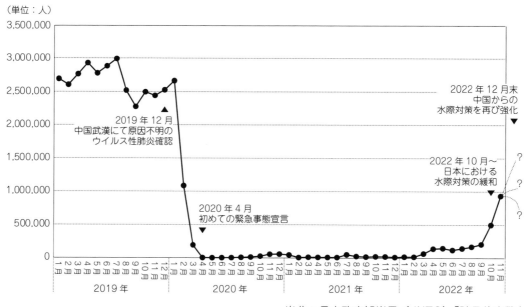

出典：日本政府観光局（JNTO）「訪日外客数」

　一方、国内の宿泊者数は、図表5のグラフのとおり、2020年夏頃まではインバウン
ドだけでなく日本人の宿泊者もほとんど動きがなくなっていましたが、2020年7月に
政府が始めた旅行需要喚起策「Go To トラベル事業」の影響により、2020年の夏から
秋にかけて日本人の宿泊者は増加しました。さらに2020年10月になると、それまで

Go To トラベル事業の対象外だった東京都内の旅行と東京都在住者による旅行が対象に加わったことにより、日本人宿泊者数はさらに増えました。しかし、2020 年 12 月、再び感染が拡大したため Go To トラベル事業は中止となり、一時宿泊者数は減少に転じます。その後も各自治体の需要喚起策や全国旅行支援による割引などの施策により、日本人の宿泊者数は増減を繰り返しています。

【図表 5】国内の延べ宿泊者数の月次推移（2019 年～）

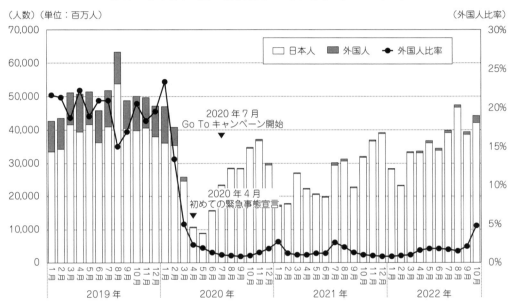

出典：観光庁「宿泊旅行統計調査」

　客室稼働率は、緊急事態宣言の発令や旅行需要喚起策などの影響により、図表 6 のとおり上昇と下降を繰り返しています。ようやく 2022 年に入ってから回復に向かう兆しが見え始めたとはいえ、2020 年～ 2021 年の稼働の低さは壊滅的でした。この時期、多くのホテル旅館が苦境に立たされたわけです。

【図表 6】客室稼働率の月次推移（2019 年〜）

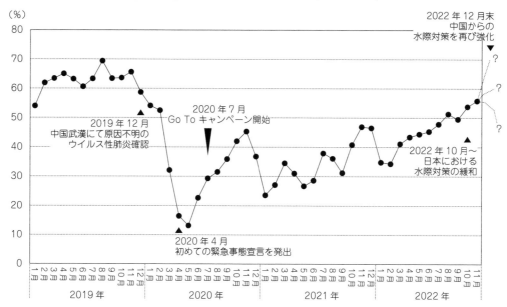

出典：観光庁「宿泊旅行統計調査」

　図表 6 はホテル旅館全体の客室稼働率（全業態の平均値）のデータですが、コロナ禍で受けたダメージの大きさは業態によって異なります。業態別に客室稼働率の推移を示したのが図表 7 です。

　図表 7 から見て取れるとおり、ビフォーコロナの客室稼働率は旅館よりもホテル（ビジネスホテル、シティホテル、リゾートホテル）が高く、旅館とホテルの差はかなり大きく開いていました。ホテルの中でも特にビジネスホテルやシティホテルの稼働率は高く、2019 年時点で客室稼働率は 80% 前後で高止まりしていたのに対し、旅館は 30 〜 40% 程度に過ぎませんでした。

　それがコロナ禍に入るとどの業態も一気に低稼働に陥り、初めて緊急事態宣言が発出された翌月の 2020 年 5 月にはかつてない最悪の状況に陥りました。以後少しずつ回復に向かいますが、今のところホテルの戻り方があまり良くありません。旅館の稼働は徐々に元の水準に近いところに戻りつつあるのに対して、ホテル（ビジネスホテル、シティホテル、リゾートホテル）の稼働は、まだまだ元の水準には遠く及びません。それはデータを見ても明らかです。図表 7 のとおり、2020 年以降、ビフォーコロナにおける客室稼働率の差は、コロナ前ほどありません。つまり、ビジネスホテル、シティホテル、リゾートホテルの方が、旅館よりもコロナ禍によるダメージが大きいということです。

【図表7】業態別　客室稼働率の月次推移（2019年〜）

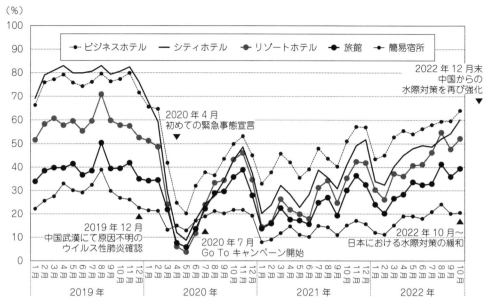

出典：観光庁「宿泊旅行統計調査」

　特にビジネスホテルは、ビフォーコロナにおいてインバウンド需要を積極的に取り込んだところが多かったため、コロナ禍に入ってからの落差が大きくなってしまったと思われます。シティホテル・リゾートホテルもまた、宴会・婚礼の需要が大幅に縮小した影響を受け、宴会・婚礼出席者の宿泊利用分の客室稼働が落ちたと思われます。

3）消費者の行動様式が変化した

　コロナ禍がホテル旅館に与えた影響は単に旅行需要の減少だけでなく、消費者の行動様式にも大きな変化をもたらしました。そして、そのことがホテル旅館に大きなインパクトを与えることになったのです。

①コロナ禍がもたらした行動様式の変化

　消費者の脳裏に「ソーシャルディスタンス」「消毒」といったキーワードが強烈に刷り込まれたことによって、たくさんの宿泊客で賑わうホテル旅館は「感染リスクが高い」場所とされるようになりました。感染が拡大している時期だけでなく感染が落ち着いている時期であっても、宿泊客はホテル旅館の感染対策や衛生管理に敏感になったのです。つまり、ホテル旅館を選ぶ際の観点に「感染対策がしっかりしているか」が加わり、旅行先ではなるべく他人と接しないような行動をとり、露天風呂付客室や離れ、コテージ、部屋食といったサービスが好まれるようになりました。

②行動様式の変化に対応するオペレーション

フロントやレストラン、宴集会場など、人が集まる場所におけるソーシャルディスタンスの確保を、宿泊客がホテル旅館側に求めるようになったことで、ホテル旅館はあらゆるオペレーションの見直しを迫られました。例えば、旅館は一泊二食が基本で、宿泊客には基本的に全員レストランで食事をしてもらいます。そのレストランでソーシャルディスタンスを確保するとなると、テーブルの間隔を広げる、あるいは席を間引くしか方法はなく、必然的に同じ時間帯の食事の提供人数を絞らざるを得なくなります。つまり、食事時間を短縮して回転数を増やすわけですが、当然それには限界があります。

例えばブッフェ※スタイルであれば、料理を注文してから実際に料理が出てくるまでの時間を短縮できるので回転率を上げることができます。人件費抑制や人手不足対応としのメリットもあるため、これまで多くのホテル旅館で取り入れられてきましたが、コロナ禍以降は感染対策上、多くのホテル旅館がブッフェスタイルを取りやめています。たとえブッフェ※スタイルを続ける、あるいは再開するにしても、ブッフェ台で使うトングをこまめに交換・洗浄したり、ポリ手袋を設置したりするなど、基本的な感染対策は必要なので、コロナ前のようなコストカットは望めません。また、ブッフェ台の周辺が混雑しないようにまわりのスペースに余裕を持たせる必要もあるので、どうしても受け入れ可能人数は少なくなってしまいます。

③オペレーションの変化に伴う収益構造の変化

前述したとおり、コロナ禍においてはソーシャルディスタンスの確保が求められるため、レストランの受け入れ可能人数が少なくなります。実は、それが宿泊者の受け入れのボトルネックとなり、たとえ客室が余っていても、宿泊予約を受けられなくしているのです。通常であれば客室稼働率の上限は100%ですが、レストランの受け入れ可能人数を踏まえると客室稼働率を100%にすることが物理的に難しくしているわけです。例えば、レストランの受け入れ可能人数を踏まえた客室稼働率の上限が70%であれば、その稼働率で収益を上げなければならないということです。

そもそもホテル旅館には繁閑の差があるので、一年間通して最大の客室稼働率を維持することはできません。需要が一番高まるシーズンの客室稼働率を70%に抑えなければいけないわけですから、必然的に収益力は大幅に落ちます。

さらに、宿泊客の衛生管理への要求水準が高まっているので、衛生・清掃業務の負荷は増大します。例えば、館内清掃に関する業務として、コロナ禍以降ドアノブやエレベーターのボタン、フロントデスク、階段の手すり、レストランのテーブルや座席など、不特定多数が触れる箇所を定期的にアルコール液で清拭消毒する業務が多くのホテル旅館において加わりました。実際にこれらの業務を行うには、かなりの人的・金銭的コストがかかります。つまり、客室稼働率が下がることで売上は落ちているのに、人件費を

中心とするオペレーションコストは上がってしまうので、当然、収益構造は悪化します。

　このことへの対応策として、多くのホテル旅館が取り組んだのが客単価の引上げでした。長期にわたってデフレが続いたビフォーコロナにおいては、安い客単価で回転数を上げて利益を出すビジネスモデルが幅をきかせてきましたが、コロナ禍がそのビジネスモデルを覆すきっかけになったわけです。

4）旅行ニーズが変化した

　図表 8 は国内の航空輸送量（旅客数）の推移を表したもので、飛行機に乗る人が2020 年度に大幅に減少しています。もちろんコロナ禍の影響が大きく、2021 年度には若干の回復を見せていますが、一方で人々が飛行機に乗る旅行を回避するようになったのも確かです。

　感染リスクを回避する観点から、人々はより短期間の旅行、より近いところへの旅行、公共交通機関よりも自家用車での旅行、より親しい人との少人数での旅行を好むようになったのです。今後もしばらくの間は、こうした感染リスクを回避する価値観が完全に払しょくされることはないと思われるので、飛行機や新幹線を利用するような長距離かつ長期間の旅行ニーズは大幅に伸びる可能性は低いと思われます。というよりコロナ禍で強烈に浸透した「密集を避ける」という意識が払しょくされない限り、旅行ニーズの完全復活はないと思われます。それは公共交通機関を利用する際、密集空間で長時間過ごすことに何の不安も感じないと人が確実に減少していることからも窺い知れます。

【図表 8】国内定期航空輸送の旅客数

単位：千人

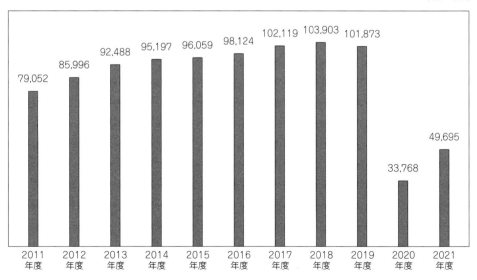

出典：国土交通省「航空輸送統計年報」

①旅行ニーズの変化によって、ホテル旅館の商圏が変化した

　多くのホテル旅館の現場では、コロナ禍をきっかけに宿泊客に明らかな変化が見られます。それは、宿泊客のほとんどが県内あるいは近隣地域からの客になったということです。特に2020年〜2021年は、その傾向が顕著に現れました。例えば、ある大分県の温泉旅館は、コロナ禍前は東京・大阪から飛行機とレンタカーで訪れるお客様が中心でしたが、2020年はお客様用駐車場にレンタカーのナンバープレートが全く見られなくなり、ほとんどの車が自家用車、それも県内か近隣県のナンバープレートの車だったそうです。つまり、商圏が東京・大阪といった遠方の大都市から、近隣エリアに変わったのです。

　商圏が変われば、当然マーケティングも変えなければなりません。例えば、OTA※（オンライントラベルエージェント）で遠方のお客様に向けてアプローチしていたホテル旅館が、近隣のリアルエージェント※（JTBなどに代表される、店舗をもつ代理店）の営業所にもアプローチしなければ集客できないといった現象が起こりました。実際、リアルエージェント側も、このような旅行ニーズを見据え、小商圏のプラン造成に力を入れるケースが増えています。

②感染リスクを上回る価値や意義が求められる

　コロナ禍をきっかけに、宿泊を伴う旅行のハードルは確実に上がっています。図表8のとおり、今後は時間の経過とともに徐々に飛行機にも乗るようになると思われますが、旅行に対する消費者の意識は確実に変化しています。「旅行＝感染リスクのある行動」という、ビフォーコロナには無かった認識が染みつきつつあり、特に長距離の旅行には一緒に行く人を厳選し、その旅行先に行く明確な理由が求めるようになったのです。

　例えば、2020年の緊急事態宣言の期間中は、遠く離れた場所に住む年老いた両親のもとに帰省するときですら、「感染リスクを負ってまで、いま行かなければならない理由」を求める風潮がありました。それが感染動向が落ち着いた時期になっても、人々は旅行に「感染のリスクを上回る価値や意義」を無意識に求めるようになったということです。ビフォーコロナのように「なんとなくみんなで旅行に行こうか」「つきあい上、この旅行には参加したほうが良さそう」といった動機で旅行に出かける消費者は確実に減り、あくまでも行く価値がある同行者、行き先、目的が求められるようになったのです。

　例えば、親密な人との記念日を過ごすため、あるいは前から憧れている場所で直接文化や食を体験したい、テレビで見た景色をぜひ一度自分の目で見てみたい、リスクを負ってでも達成したい目的など、周囲の人に説明できるものが必要になったのです。当然、ホテル旅館はそのような旅行ニーズに対応できなければ生き残ることはできません。つまり、「かけがえのない人とどうしても行きたい」「その場所にあるこのホテル旅館にど

うしても泊まってみたい」と思ってもらえる存在にならなければ生き残れない。そんな
状況に今、ホテル旅館業界は置かれているのです。

5）政府による支援

①ホテル旅館の厳しい状況

　新型コロナウイルスの感染拡大により旅行需要が激減したことで、ホテル旅館は出口
の見えない厳しい状況に置かれています。実際、資金繰りが悪化し倒産・休廃業・解散
に至るホテル旅館が相次いでいます。

　特に深刻なのが人手不足です。図表 9 のとおり、宿泊業の雇用人数は 2019 年から
2021 年にかけて正規雇用者で 15% 減少、非正規雇用者にいたっては 27% 減少していま
す。その背景にあるのが 2020 年と 2021 年の緊急事態宣言で、この時期を中心に宿泊客
が激減し、全国のホテル旅館で従業員の離職が相次ぎました。図表 9 からも分かるとお
りホテル旅館は非正規雇用者が多い業界のため、コロナ禍のような非常時には離職者が
出やすい構造と言えます。

【図表 9】宿泊業の雇用人数の推移

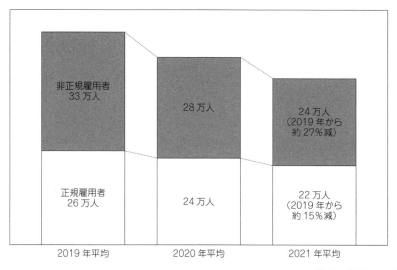

出典：総務庁「労働力調査」

　図表 5 のとおり、ホテル旅館の宿泊者数の動向は、コロナ禍が始まって以来不安定で
す。Go To トラベル事業や全国旅行支援などの需要喚起策が実施されると宿泊者は増加
し、感染再拡大によって需要喚起策が中止されると宿泊者は減少する、といったパター
ンを繰り返してきました。当然、このような状況下で従業員を募集してもなかなか人材
は集まりません。それが今、深刻な人手不足を招いているわけです。とは言え宿泊需要

の先行きは相変わらず不透明なままなので、この状況は当面続くと考えるべきでしょう。

　そのためホテル旅館の現場では今、宿泊需要が増えても人手不足のために予約を断らざるを得ないという機会損失が発生しています。朝食・夕食の提供会場であるレストランも同様に、人手不足で宿泊客をさばけない事態が生じています。本来なら稼ぎ時のはずが、一泊二食のプランを夕食なしにして販売したり、客室の稼働をあえて抑えたりしなければならない事態に陥っているのです。

　人手不足はフロントや接客、調理だけではありません。客室清掃も深刻です。客室清掃やベッドメイキングは、チェックイン時間までの限られた時間に行う必要があるため、多くのホテル旅館が清掃担当以外の従業員にも加勢してもらい大急ぎでこなしているのが現状です。自分の担当以外の業務を担当する場面が増えたことで、サービス品質の低下はもちろん、従業員の疲弊も深刻化しています。日々の人手不足を時間外労働でカバーしているケースも多く、労働環境は悪化の一途をたどっています。

　しかも2023年に入ってからは、インバウンドも戻り始めているので、今後は人手不足を解消する必要性が高まってくると思われます。経営の立て直しとともに従業員の離職を防ぐための労働環境の整備、働き方改革への取り組みも急務と言えそうです。

　こうした状況の中、ホテル旅館ではITツールを導入した業務効率化や生産性の向上、DXへの取り組みが活発化しています。また、特定技能人材を中心に外国人を活用する動きも活発化しつつあります。

②コロナ禍のホテル旅館を支えた政府の施策

　労働集約産業であるホテル旅館の事業継続は、日本全体の雇用維持に大きな影響を与えるため、これまで政府は新型コロナウイルスの影響で売上が減少した事業者を対象に様々な支援を展開してきました。

　具体的にはGo Toキャンペーン事業や全国旅行支援などの需要喚起策、セーフティネット保証、政府系金融機関からの特別貸付、行政の利子補給による実質無利子・無担保融資（ゼロゼロ融資）などの融資制度が実施されてきました。例えば、2020年に始まったゼロゼロ融資は、開始直後の2020年4月から6月が申請のピークとなり、以後民間金融機関は2021年3月、政府系金融機関は2022年9月まで受付けを行い、いずれも受付終了前の時期に駆け込み需要がありました。

　給付金・支援金としては、持続化給付金、家賃支援給付金、一時支援金・月次支援金が交付されました。また、従業員の雇用を維持する事業者に対しては、雇用調整助成金や産業雇用安定助成金などによる助成も行われました。図表10のとおり、これらの施策等を多くのホテル旅館が活用しています。

【図表 10】宿泊業 47 施設の支援策の活用状況（回答時期は 2021 年 3 月）

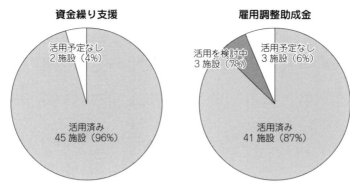

出典：観光庁「令和 3 年版観光白書」
回答数 47 施設

　当然ですが、融資はいずれ返済しなければなりません。今問題なのは、返済開始後の資金繰りが危惧されるホテル旅館が少なからずあるということです。執筆時点（2023年 1 月）ですでに返済を開始している事業者もありますが、多くの事業者がゼロゼロ融資の申請ピーク時の 2020 年 4 〜 6 月に融資を受け、その多くが据え置き期間を 3 年で設定しているようなので、2023 年の夏ごろが返済開始のピークになると見込まれます。

　すでにビフォーコロナの時点で収益性が低かったり、過剰債務を抱えていたホテル旅館については、そのほとんどがさらなる金融機関の支援を得ることができず、コロナ禍の影響で早期に倒産・廃業に至っています。一方、そうではないホテル旅館については、現段階では国や都道府県などの支援策を活用して足下の資金繰りは安定している状況ですが、ゼロゼロ融資の返済開始後の資金繰りの見立てが甘ければたちまち資金繰りに窮することになるのは火を見るより明らかです。

　今、多くのホテル旅館が「返済開始に向けて客単価を上げる」、あるいは「独自性に富んだ宿泊プランを造成することで競争力を向上させる」といった計画を立案中だと思いますが、一方で現下の厳しい経営環境に鑑みれば、なかなか妙案が浮かばない。そんなジレンマにとらわれているホテル旅館は少なくないと思います。

　そんな場合は、まず固定費の削減を検討してみてはいかがでしょうか。例えば、複数の宿泊棟や大浴場がある大型施設であれば、宿泊客が少ない時期は一部の施設をクローズして営業規模を縮小することでボイラー、セントラル式空調などの稼働を抑え、水道光熱費を削減するといった施策が考えられます。返済能力を高めるためには、売上の拡大あるいは経費の削減によって収益を改善していくことが必須です。

　それでも返済が厳しく資金繰りに窮する場合は、2023 年 1 月に始まったコロナ借換保証を利用するのも 1 つの方法です。これはコロナ禍で債務が増大した中小企業者の収

益力改善などを支援するための制度で、借り換え時の信用保証料を大幅に引き下げることができます。

　こうした施策の活用により、事業者がきちんと収益改善に向かえるよう伴走支援する。それこそが金融機関に求められる役割であり、今多くのホテル旅館が皆さんの支援に期待しているのです。

第2章
［事例］ 生き残るホテル旅館、死にゆくホテル旅館

●この章のポイント●

本章では、コロナ禍の打撃を受けたホテル旅館の様子を具体的にイメージしていただくため、実際の事例をもとにしたストーリーを紹介します。2020年に突如としてコロナ禍が始まった時、全国のホテル旅館の内部ではどんなことが起き、どんなやりとりが繰り広げられていたのでしょうか。大打撃を受けてなお生き残ろうとするX旅館と、転落を続けるY旅館。2つの事例を取り上げます。

1 生き残りに向かって進もうとする X 旅館

1）ビフォーコロナの X 旅館

　X 旅館は、海岸沿いに広がる温泉地の中心に位置する温泉旅館です。この温泉地は県内でも有数の湧水量を誇り、季節を問わず県内外から多くの観光客が訪れます。そんな温泉地にあって、X 旅館は特徴のある門構えなど、ユニークな外観から県内でも抜群の知名度を誇っています。

　しかし、バブル期に行った過剰投資の影響が尾を引き、X 旅館は長い間多額の有利子負債に苦しんできました。施設は老朽化し、設備機器の不具合や客室の傷みも目立つ状態でしたが、十分な設備投資をする余裕はありませんでした。そこで DDS（デット・デット・スワップ：既存の借入金を劣後ローンとして借り換える手法）を含む再生計画を策定することに。その結果、2018 年秋に金融機関と合意に達し、自立再建の道を歩み始めました。

　再生計画が策定された時、社長はまだ 30 代と若く、先代社長から経営を引き継いだばかりでした。しかも、社長は就任当初から X 旅館の立て直しに前向きだったので、この再生計画の策定を機に本格的な経営改善への取り組みが一気に始まったのです。まずは、ボイラーや電源関連などのインフラ系の設備機器の修繕に着手しました。客室のリニューアルまではできませんでしたが、最低限の投資を行うことで、不具合のない状態を維持しようというわけです。

　また、経営管理の仕組みも整備しました。具体的には、モニタリングする管理指標を定め、定期的にモニタリング会議を開催する体制を整えました。その会議を軸にPDCA※サイクルを回すことにしたのです。

　それらと並行して、それまで主に団体客向けであったマーケティングとオペレーションを個人客向けに改めることにも着手しました。X 旅館の再生に向けた経営改善のテーマが、ターゲットを団体客から個人客に徐々にシフトしていくことだったからです。

　まず、マーケティング面では、部屋食を組み込んだ宿泊プランを新たに造成しました。また、それまでリアルエージェント※中心だった販売チャネルを、個人客が好んで使うOTA※にシフトさせるため、新たに OTA※向けのプロモーションを行う営業担当者を配置しました。

　さらにオペレーション面でも、接客サービスのマニュアルを少人数グループ向けのおもてなしに対応する内容に改定しました。また、個別のおもてなしができるよう従来よりも接客サービスの人員配置を厚くすることとし、その分バックグラウンド業務の効率化にも取り組みました。そして、それらの取り組みの効果をモニタリングすることで、

18

経営管理をしっかり行う体制に作り替えたのです。

　こうした取り組みに着手することで、社長は「Ｘ旅館が変わっていく手ごたえを感じ始めた」と述懐していました。

2）2020 年、Ｘ旅館に起きたこと

　Ｘ旅館が経営改善に着手したのが 2018 年秋、それから 1 年数か月ほど経過した時に、日本国内で新型コロナウイルスの感染拡大が始まりました。その影響、つまり予約状況に変化があらわれ始めたのが 2020 年 2 月中旬からで、そのころからキャンセルが目立ち始めました。3 月になるとさらにキャンセルが増え、売上は前年の 4 割相当まで落ち込み、4 月はほぼ全ての予約がキャンセルとなってしまいました。そこに追い打ちをかけるように緊急事態宣言が発出され、5 月末まで休業を余儀なくされてしまったのです。

　緊急事態宣言が解除された 6 月から営業を再開しますが、予約はほぼゼロ。スタッフが出勤しても何もすることがなく、特に接客部門のスタッフは、お客様が来なければやることはありません。ひたすら掃除をしたり、カトラリーを磨くことでお客様を迎え入れる態勢を整え続けました。しかし、その甲斐もなく、お客様が戻る気配はまったくありませんでした。

　たとえお客様が戻る気配が全くなくても、オープンしている以上、人件費と水道光熱費などの費用は流出します。そこでやむなく平日は休館とし、週末だけ営業することにしました。その結果、6 月の売上は前年比 3 割以下まで落ち込んでしまったのです。

　7 月は夏休みシーズンに入るので書き入れ時です。そこで再度平日も含めてフルオープンすることにし、スタッフが一丸となって集客とおもてなしに全力投球しました。しかし、結果は前年比 6 割に留まるという厳しいものでした。

　2 月以降のかつてない集客の落ち込みが、それでなくても苦しい資金繰りを悪化させたのは言うまでもありません。何とか打開策をと思案しても、いつ終息するかわからないコロナ禍の中で、そう簡単に根本的な改善策が見つかるはずはなく、結局、当面の運転資金をメインバンクから調達することで、今をしのぐことしかできませんでした。

3）2020 年、Ｘ旅館の社長がしたこと

　前述したとおりＸ旅館は 2018 年に経営管理の仕組みを整えたことで、コロナ禍により業績がどうなったかが、社長には手に取るように見えていました。これまでどんなに景気が悪化しても、ここまで売上が落ち込んだことはなく、創業以来未曽有の危機に直面していることは明らかでした。

　しかし、その時の社長はやる気に満ちており、全く動じていませんでした。逆に想像もできなかった事態に直面したことで、かえって経営者として「負けてたまるか」と闘

志がわいたそうです。「お客様がいなくなってガランとしたロビーのソファに腰掛け、X旅館の収益構造をじっくり見つめながら、"次は一体何が起こるのか""自分はこの事態をどこまでコントロールできるのか"といったことを、多くの時間を費やして考えました」と、後日語ってくれました。

その結果、見えてきたことが数多くありました。その1つが、費用の適正化です。旅行需要がいつ回復するのか先行きが読めない中にあって、費用の管理目標が今までと同じでは収支が成り立たないのは明白です。では、具体的にどのようにして費用の管理目標を立てればよいのか。そのもとになるデータを、X旅館は思わぬ形で得ていました。そう2020年5月に1か月間丸々休業したことで、期せずしてミニマムに近い固定費を把握することができていたのです。つまり、緊急事態宣言の発出が、「この旅館が全く稼働しなかったら、水道光熱費や通信費、その他の固定費はどこまで小さくなるのか?」といったデータの入手に一役買ったわけです。早速、社長はその実験結果が示す「ミニマム固定費」とビフォーコロナの固定費を見比べて、現実的なアフターコロナの固定費を費目ごとに丁寧に探っていくことにしました。

もう1つ、基本戦略の修正についても考えを巡らせました。前述したとおり、X旅館が2018年に策定した再生計画のテーマは、ターゲットを団体客から個人客に徐々にシフトしていくことでした。しかし、コロナ禍によって団体客の予約が全滅したことに鑑み、2020年5月の休業中に開催した幹部会議で、「徐々にシフトする」のではなく「最速で、個人客向けの宿に完全に切り替えなければならない」と宣言したのです。社長は「日本全体がソーシャルディスタンスを意識するようになった以上、団体客が戻ってくる可能性は低い。であれば、今まで団体客のために割り当てていたスタッフやスペースや時間など、全てのリソースを個人客に振り向けるべきではないか。メインターゲット

は、県内と近隣県に住む女性の少人数グループにしたい」と訴えました。

　こうした社長の宣言を契機に、社長の仕切りで新たなターゲットに向けた全社一丸の大改革がスタートしたのです。接客部門は接客サービスを見直し、調理部門は新メニューを開発。社長と営業担当は周辺観光施設と連携するディスティネーション型ツアーを企画し、連携先への交渉に奔走しました。その結果、地元の酒蔵や農家などをめぐる現地ツアーが実現。同年8月からそのツアーを含んだ連泊プランを投入したところ、プラン利用者の声はおおむね好評です。

　しかし、足元は盤石かといえばまだまだ厳しい状況が続いています。個人客の取り込みに向けた改革は順調に進捗していますが、肝心の旅行需要がまだ一進一退を繰り返しているためコロナ禍以前までには戻っていません。何よりも団体客が消えた穴は簡単に埋まるものではなく、まだまだ予断を許さない状況が続きそうです。

　こうした状況を打破するためには、引き続き費用の適正化に取り組み、補助金を活用しながらアフターコロナ時代を生き抜くための収益構造改善を図る。同時に、三つの密を回避しながら収容可能人数を上げていく工夫も必要不可欠です。それらの取り組みを実施しながら、個人向けの宿へ生まれ変わりを図らなければならない。まさに「言うは易し、行うは難し」の状況であり、今はまだ決して楽観できませんが、今後の道筋がおぼろげながら見えつつある。そんな感触を感じながら、社長の奮闘は今日も続いています。

1）ビフォーコロナの Y 旅館

Y 旅館は、山間部の温泉地に佇む老舗旅館です。この温泉地は Y 温泉と呼ばれ、江戸時代から湯治客が訪れる有名な場所で、多くの歴史あるホテル旅館が集積しています。Y 旅館はもともと 15 室ほどの小規模旅館でしたが、先代社長が 1980 年代に 60 室の新館を建築しました。もちろん当時全国的に高まっていた団体旅行の需要に対応するためです。こうした思い切った設備投資の甲斐あって、Y 旅館は多くの団体客でにぎわいました。

もともと Y 温泉は秘湯らしい情緒ある温泉地で、交通アクセスがあまり良くないというのがハンデといえばハンデでした。しかし、1990 年代に入ると Y 温泉のある小さな鉄道駅が大都市と特急で結ばれるようになり、高速道路も開通。こうした交通アクセスの利便性の高まりにより、Y 温泉は気軽に訪れることができる場所となりました。それが奏功し、バブル崩壊の影響をあまり受けることもなく、観光客は順調に増えていきました。もちろん Y 旅館もその恩恵を受け、長年安定した売上を確保できたので、集客に苦労するといった経験はありませんでした。

Y 旅館の組織はベテラン揃いです。現社長は長年勤めた従業員からの叩き上げで現場のオペレーションに精通していますし、幹部や現場スタッフもベテランが多く、日常業務に関しては社長が何も言わなくても滞りなく回すことができます。接客も万全で、熟練したスタッフのおもてなしには定評があります。

施設も老舗旅館なので経年劣化は否めませんが、旧館も新館もこまめに手を入れて良い状態を維持しています。定期的なリノベーションによって、それなりの魅力は十分に感じられる状態です。

トップシーズンになれば Y 温泉に多くの観光客が訪れ、Y 旅館も宿泊客で賑わいます。お客様にはベテランスタッフがおもてなしをして、手入れの行き届いた客室で寛いでいただく。特に変わったことや目新しい挑戦をする必要はまったくありませんでした。従前の対応をすることで、お客様は十分に満足していただける。Y 旅館は、長い間このような旅館運営を続けて十分な収益を確保してきたのです。

2）2020 年、Y 旅館に起きたこと

前述のとおり順調な経営を続けていたところに、新型コロナウイルスの感染拡大が始まりました。Y 旅館も、その影響をもろに受け、2020 年 2 月中旬からまずは個人客の予約キャンセルが相次ぎ、3 月に入ると歓送迎会などの団体客のキャンセルも相次ぎま

した。その結果、3月の売上は前年の3割まで落ち込み、4月の予約はほぼゼロ。社長は休館という苦渋の決断をせざるを得ませんでした。

　休館すれば当然ながら売上はゼロです。それまで集客に苦労したことのない社長にとって、売上がなく費用だけが出ていく休館は大きな恐怖であり、一日も早く営業を再開したいと思っていました。しかし、緊急事態宣言が発令されているので当面の間、予約は見込めません。

　それでも当時、緊急事態宣言は5月6日（水）までとされていたため、社長は「ゴールデンウィーク後半の週末には緊急事態宣言が解除されるから、その後の予約が入るかもしれない」と考え営業再開を5月7日（木）と決めたのです。少しでも売上を確保したいとの思いから決断したわけですが、5月に入り緊急事態宣言の解除が迫っても、消費者の移動自粛ムードは和らぐどころか高まる一方でした。そのため、社長は「営業再開は無理」と判断し、5月に入ってすぐに営業再開の延期を決めました。実際その後、緊急事態宣言の延長が発表されたのは周知のとおりです。

　しかし、一度再開を公表したことで、Y旅館は多くのことに大急ぎで対応しなければならなくなってしまったのです。その1つが、すでに予約していただいたお客様へのキャンセルの連絡で、それぞれのお客様へ電話をかけ、ご納得いただけるまで丁寧に説明し続けました。ほかにも二転三転する勤務シフトをスタッフに受け入れてもらうための交渉、ホームページに掲載している休館期間の修正、OTA※をはじめとするエージェント※への休館連絡など、多くの対応を社長と幹部スタッフがこなす羽目になってしまいました。

　結局、再開したのは翌月の6月からで、最初は週末だけ営業することにしました。しかし、当初は「どれくらいの予約があれば営業するか」といった基準を設けていなかったため、予約担当者が感覚的に「予約が多い日」「予約が少ない日」を判断し、「予約が少ない」場合に限り、「社長に休館するか否かの判断を仰ぐ」という流れにいつの間にかなってしまっていたのです。

　また、「休館する場合、その判断はいつまでにするのか」の基準もありませんでした。もちろん社長からすれば「できるだけ営業したい」という思いが強く、休館の判断はいつもギリギリでした。一方、その頃の客足の戻りはというと、行政から都道府県をまたがる移動の自粛要請が出ていたこともあってまだ鈍く、結果的に平日はほとんど休館にせざるを得ませんでした。直前に休館を決定するわけですから、そのたびに緊急の対応に追われます。予約してくださっていたお客様へ電話してキャンセル、あるいは他館に振り替えていただくようお願いする。スタッフの勤務シフトも変更しなければいけない。そんなこんなで現場は常に混乱しつづけ、肝心の売り上げも6月は対前年比4割に落ち込んでしまったのです。

そこで7月は、原則毎日営業することにしました。ちょうどその頃は、コロナの感染者数が一段落し県内の個人客が動き始めた時期でもあり、7月の売上は前年の6割ほどまで回復しました。これで社長も少しホッとしたのですが、それもつかの間、7月末から再び感染者数が急増し、その報道が連日されたため、8月の予約が相次いでキャンセルとなる事態になってしまいました。

3) 2020年、社長がしたこと

このような売上動向が続けば、必然的に固定費が重くのしかかってきます。たとえ宿泊客がほとんどいなくても、大浴場や給湯のためのボイラー、セントラル式空調は稼働させなければいけない。当然、水道光熱費がかさみます。また設備の保守費など、稼働状況に関係なく発生してしまう費用も多くあります。幸いにも休館期間中の人件費は雇用調整助成金で補えるので何とか持ちこたえられましたが、雇用調整助成金がなければ恐ろしい規模の赤字になっていたのは間違いありません。

ここに至って社長は「このままでは会社がもたない」と気づいたのですが、今度は「何から手をつければいいのか」が思いつきませんでした。「コロナ禍で団体客は当分望めないので、個人客に舵を切らなければならないことは理解できる。しかし、Y旅館を選ぶ個人客とはどういう属性の方なのか。年配のご夫婦？　それともファミリー？」と悩みは深くなるばかりでした。

そこで、社長は予約担当者に「いま予約してくれているのはどういうお客様なのか」と聞いてみることに。すると「最近の予約は、ほとんど県内のお客様です」との答えが返ってきたので、「それなら県内客対象のお値打ちプランを展開しよう」となり、さっそく実行しました。しかし、思ったような反応は得られませんでした。また別のある日、他の旅館の経営者仲間から「Y温泉の中でも高価格帯の旅館は盛況だ」と聞いたので、

慌てて高級食材をメイン料理にしたプランを造成しましたが、これも空振り。そんなドタバタの連続でした。

　例年であれば、秋の行楽シーズンともなると Y 旅館の駐車場は団体ツアーのバスで埋めつくされます。しかし、今年はそれもありません。社長の指示も、お値打ちプランを打ち出したり、高価格帯プランを造成したりと一貫性がない。そのため、次第に幹部や現場スタッフの間で不満の声が上がるようになりました。

　外部環境に恵まれていた Y 旅館は、たとえ基本戦略が不明確でもコロナ禍までは売上を上げることができていました。つまり、外部環境のおかげで顕在化しなかった Y 旅館の弱さが、コロナ禍で一気に露呈したわけです。

　目の前の赤字を食い止めるために、まず取り組むべきは経費削減です。しかし、社長の頭には「当面の資金繰りはメインバンクからの融資で手当てできているが、その資金が尽きたらどうなるのか。いつになったら予約は戻るのか？　それとももう戻らないのか？」という思いが錯綜し、そこまで考えが及びませんでした。そして、とうとう「破綻」の二文字がちらつき始めるようになってしまったのです。

第3章
ホテル旅館が生き残るには

●この章のポイント●

第1章で解説したとおり、ホテル旅館の経営環境は新型コロナウイルスによって大きく変わりました。ホテル旅館は、こうした経営環境の変化を踏まえた改善やイノベーションを伴う成長を遂げなければ、アフターコロナに生き残ることは難しいでしょう。

これまでホテル旅館業において、どのようなイノベーションが起こったでしょうか。「ホテル管理システムなどのIT化の進展」「インバウンド需要に対応するための施設設備やサービスの変革」「カプセルホテルの高級業態の出現」「客室が複数の建物に点在し、町全体をホテルに見立てる新業態の出現」など、いくつかのイノベーションが挙げられます。しかし、「旅行者に対して宿泊サービスを提供する」という根本的なビジネスモデルに影響を及ぼすほどのイノベーションは、長い歴史の中で一度も起きていません。経営環境が大きく変わるアフターコロナを生き残るには、根本的なビジネスモデルの変更も選択肢に含めた、広い視野で成長の方向性を考える必要がありそうです。

1 生き残りに向けた2つの方向性

　図表11は、ホテル旅館業の成長の方向性を、「提供するサービス」と「ターゲット」の2軸のマトリックスで示したものです。

　縦軸の「ターゲット」は、「旅行者」と「非旅行者」に分けています。ここでは外国人と日本人は区別していません。ここでいう「旅行者」とは、レジャーや観光、ビジネスなどの目的で日常の生活圏を一時的に離れて旅行・滞在する人で、「非旅行者」とは、日常生活を営んでいる人とします。

　横軸の「提供するサービス」は、従来のホテル旅館が一般的に提供している「既存サービス」（宿泊・料飲・宴集会・婚礼など）と、それ以外の「新規サービス」に分けています。

　この2軸でできる4象限のうち、横軸「既存サービス」×縦軸「旅行者」の象限（左下に位置する象限）は、従来のホテル旅館が土俵としている「既存のマーケット」で、それ以外の3つの象限は、従来のホテル旅館のマーケットとは異なる「新しいマーケット」となります。つまり、ホテル旅館の成長の方向性は、「既存のマーケットで戦う（1象限）」と「新しいマーケットに出る（3つの象限）」の2つに分けることができます。

【図表11】ホテル旅館の生き残りに向けた方向性

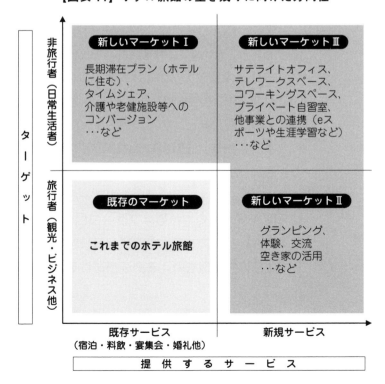

28

　どのようなホテル旅館も最初に検討するべき方向性が、「既存のマーケットで戦う」であるのは言うまでもありません。しかし、アフターコロナの経営環境に鑑みれば、既存のマーケットの範囲の取り組みではどうしても活路を見出せないケースも少なからずあると思われます。そのような場合には、「新しいマーケットに出る」ことを検討するしか生き残る方法はありません。

　ただし、「新しいマーケットに出る」には、具体的な取り組み内容にもよりますが、多くの場合、経営資源（特に資金）の投下を伴います。つまり、「手元の現預金残高が厚く積み上がっており、かつ有利子負債が少ない（具体的には年商の一倍以内程度）、経営資源に余裕のあるホテル旅館以外、大きな投資を伴う思い切った新規ビジネスは不可能だ」ということです。あくまでも経営資源の制約を踏まえ、立地の特性や既存の施設・設備の状況など、自社の特徴や強みを前提に、新しいマーケットに出る成長戦略を検討することが重要です。

　次項以降で、それぞれの方向性について、具体的にお示しします。

2 方向性（1）　既存のマーケットで戦う

　既存のマーケットで戦って勝つには、競合他社に対する競争優位性を確立する必要があります。しかし、アフターコロナにおいては資金面の制約が大きいため、競合のホテル旅館に勝つために設備や人材への投資に注力したり、誰かが音を上げるまで低価格競争をするといった体力勝負はほぼ不可能です。

　では、どうすれば勝てるのか。それは「戦わないで勝つ」こと。それこそがアフターコロナにおけるホテル旅館の競争戦略のセオリーなのです。

1）アフターコロナのホテル旅館の競争戦略の考え方

　「戦わないで勝つ」とは、いったいどういうことなのでしょうか。それは激しい競争環境の中で競合他社に勝つことを考えるのではなく、競争を回避するポジションに移行し、そのポジションで存在感を発揮する、ということです。

　そのためには、最初に「マーケットにおけるポジションを知る」ことから始める必要があります。

■ステップ１　マーケットにおけるポジションを知る

　「戦わないで勝つ」ポジションを探すには、まず現時点のマーケット（周辺エリア）において、自社と競合他社がそれぞれどのような立ち位置で戦っているのかを把握する必要があります。具体的には、ポジショニングマップを作成して検討します。ポジショニングマップとは、図表12の例のように、「顧客から見た各旅館の立ち位置」を表現したマップのことです。

　もちろんポジショニングマップがなくても、経営者であればどの旅館が自社と競合関係にあるのかを感覚的に把握しているものですが、定量的・客観的に把握できているかというと、心もとない経営者は少なくありません。そもそも経営者の頭の中で感覚的に認識しているイメージにすぎず、社内のスタッフと認識を共有できていないというケースもよく見られます。

　ポジショニングマップを作成すれば、その競合が自社にとってどの程度脅威になるのか、具体的にイメージすることができます。また、社内で戦略を協議する際、マーケティング担当者や幹部スタッフなどの関係者間で、現状認識のすり合わせをすることもできます。関係者全員で同じポジショニングマップを見て議論することで、今までノーマークだったところが、実は自社の競合になり得る。逆に、今まで競合だと思っていたところが、実はそれほど競合関係にないということに気づくこともよくあります。何よりも、現状のポジションが分かれば、「戦わないで勝つ」ポジションがどこなのかが必ず

見えてきます。そして、そこに移行するにはどの方向に向かえばよいのかを探し出すのです。以下、具体例を挙げて説明しましょう。

　図表 12 は、温泉地 Z にある 18 軒の旅館の１つ「旅館①」が、自社のポジションを把握するために作成したポジショニングマップです。このようなポジショニングマップは、旅行サイトに掲載されている情報で作成することができるので、ぜひ作成してみてください。ポジショニングマップの縦軸と横軸の取り方はいくつか考えられますが、ここでは縦軸を口コミの総合評価の平均点数（以下「口コミ評点」）、横軸を価格（一泊二食の宿泊料金。旅行サイトに掲載されている最安料金）としています。円の大きさは、各旅館の規模（客室数）をあらわしています。このやり方で旅館①から旅館⑱まで 18 軒の旅館をマッピングすると、温泉地 Z にある各旅館の「価格×満足度」の観点からみた立ち位置、つまり「ハイグレードな旅館はどこか」「カジュアルな旅館はどこか」「同価格帯でも満足度が高い（コストパフォーマンスが高い）旅館はどこか」といった立ち位置を可視化することができます。

【図表 12】ポジショニングマップの例

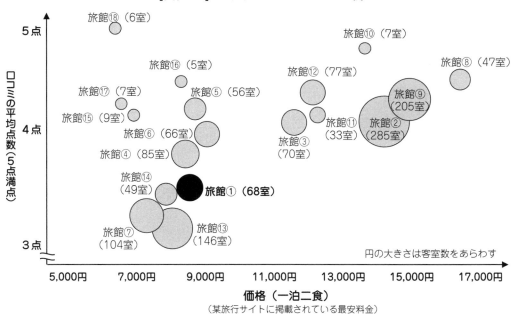

図表 12 のポジショニングマップから、旅館①の状況について次のことが浮き彫りになります。

・旅館①は温泉地 Z の中では低価格帯で、規模は中くらいである。

・口コミ評点は低い部類に属する。

・旅館①よりも低評価の旅館に旅館⑦、旅館⑬、旅館⑭があるが、それらはいずれも

価格が旅館①より安い。

・旅館④、旅館⑤、旅館⑥は、価格と規模が旅館①と同程度なので比べられやすい旅館であるが、それらはいずれも旅館①より高評価を得ている。

以上のことから、旅館①が温泉地Zの中でかなり苦戦している様子が見えてきます。

次に視点を変えて、このポジショニングマップから温泉地Z全体の旅館の力関係を見てみましょう。

18軒の旅館の中で一番大きな旅館②は、高価格帯ですが価格に見合った口コミ評点を得ており、温泉地Zの中で存在感を放っていることが伺えます。それより少し小さな旅館⑨は、旅館②より高価格帯で、品質も旅館②より少し上なのか口コミ評点は旅館②を少し上回っています。以上から温泉地Zにおける「ハイグレード旅館」のポジションは、「旅館②と旅館⑨、旅館⑧が確保している」と見てよさそうです。

一方、1万円を切る「カジュアル旅館」のポジションには、旅館①に加えて旅館⑤、旅館⑥、旅館④、旅館⑭、旅館⑦、旅館⑬と同等規模の旅館が多数ひしめいています。旅館①を含めて全部で7軒です。一般的にはプレイヤーの数が増えるほど競争は激しくなるので、旅館①の「競争環境は厳しい」と言えます。おそらく採算ギリギリ、時季によっては採算割れでもお客様を取らなければならず、低収益が常態化しているのかもしれません。かと言って、競争相手の価格動向を考えると簡単に値上げができる状況にはありません。

どの業界でも低価格志向のお客様は一定数存在します。温泉地Zにも、ビフォーコロナには旅館7軒分の低価格志向のお客様が訪れていたのだと推察されます。しかし、経営環境が変化したアフターコロナにおいては、7軒のうち体力のないところから淘汰されていく。そんなシナリオが現実味を帯びていると言えそうです。

■ステップ2 競合の少ないポジションにシフトする

ポジショニングマップから以上のことを把握したら、次は現状を踏まえた競争戦略を検討します。アフターコロナのホテル旅館の競争戦略のセオリーは、「戦わないで勝つ」ことです。つまり、旅館①がアフターコロナを生き抜くには、競合がひしめく現状のポジションで低価格志向のお客様を奪い合うよりも、競争を回避できるポジションにシフトする方が効果的なので、それを具体的に検討するわけです。

旅館①が競争を回避できるポジションにシフトしようとする場合、どのポジションを狙うべきでしょうか。この場合は、旅館①の現状のポジションより右上にある空白地帯のポジションを狙うべきです。温泉地Zの18軒の旅館の価格帯は、1万円以下のカジュアル路線と、13,000円程度より上のハイグレード路線に二分していて、1万円を少し上回る程度の価格帯は空白地帯となっています。つまり、旅館①のポジションをこの空白地帯にシフトすれば、温泉地Zに同価格帯の旅館はなく、お客様から単純比較され

なくなるわけです。

　ただし、旅館①は口コミ評点が低いので、単純に価格帯を引き上げるだけではコストパフォーマンスの悪い旅館に成り下がるだけです。価格帯を引き上げると同時に口コミ評点も価格に見合う水準まで引き上げるのが絶対条件です。ちなみに口コミ評点を上げるということは、旅館の格を上げることを意味します。

　この戦略を示したのが図表 13 です。旅館①が図表 13 のようにポジションをシフトするには、単に販売する宿泊プランを高単価に見合う内容に見直すだけでは成果は期待できません。旅館の格を上げる、つまり旅館自体のコンセプトを磨き上げ、宿泊プランだけでなく客室やロビーなどの空間づくり、おもてなしのやり方などを含む「売り物」を強化する取り組みが必要不可欠です。従来のマーケティング戦略を一旦解体して再構築し、ワンランクもツーランクも上の旅館に生まれ変わる。そんな取り組みなので、1 日や 2 日でできるわけはなく、年単位の時間をかけて試行錯誤しながら少しずつポジションをシフトしていくしか方法はありません。つまり、従来のポジションでの戦いを展開しながら、徐々に新しいポジションの色を濃くしていくという戦略が定石となります。

【図表 13】ポジショニングマップの例（競合の少ないポジションにシフトする）

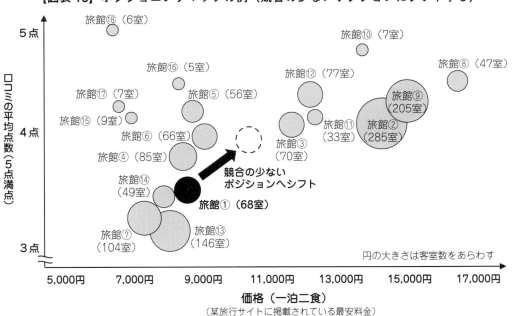

2）新しいポジションを確立するための取り組み

　新しいポジションを確立するための取り組みは、換言すれば旅館のマーケティング戦略全体を再構築することにほかなりません。そしてマーケティング戦略全体を再構築す

るということは、販売する宿泊プランだけではなく、図表14のとおり、旅館自体のコンセプトやターゲット設定といった根本から見直すことです。

　なお、前項で例示した旅館①のケースだけでなく、アフターコロナにおいては多くのホテル旅館が客単価の引き上げを迫られると考えられます。新型コロナウイルスが今後収束したとしても、ホテル旅館の客室稼働率が完全にビフォーコロナの水準に戻ることはないということが1つ。また、ソーシャルディスタンスを確保する必要があるため、収容人数を増やす方策は選択の余地がないからです。したがって、アフターコロナに生き残るためには、多くのホテル旅館が、ここで取り上げた旅館①のようにマーケティング戦略全体を再構築する必要に迫られると考えられます。以下、そのための具体的な取り組みについて説明します。

【図表14】 マーケティング戦略の再構築手順

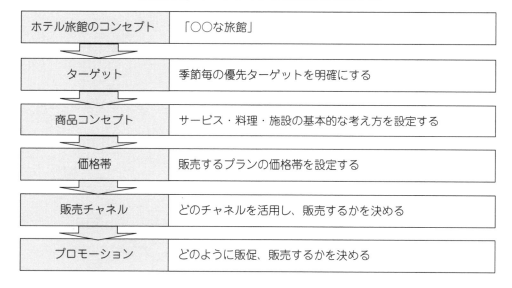

ホテル旅館のコンセプト	「○○な旅館」
ターゲット	季節毎の優先ターゲットを明確にする
商品コンセプト	サービス・料理・施設の基本的な考え方を設定する
価格帯	販売するプランの価格帯を設定する
販売チャネル	どのチャネルを活用し、販売するかを決める
プロモーション	どのように販促、販売するかを決める

①コンセプトを磨き上げる

　ホテル旅館が、新しいポジション（現状より高単価のポジションなど）を確立するためにすべきことの筆頭に挙げられるのが、「コンセプトを磨き上げて売り物を強化する」ことです。客単価を上げるには、当然ながら売り物を従来より魅力的なものにする必要があります。値段に相応しいものになるよう、売り物を強化するわけです。

　そのために重要なのは、コンセプトを磨き上げて訴求力を強化することです。特にアフターコロナにおいては、消費者の旅行に対する意識は大きく変化しています。つまり、旅行は「感染の不安を感じながら出掛けるもの」になったのです。その状況下で、ホテル旅館は「それでもそこに行きたい」と思わせなければいけない。感染の不安を上回る魅力で惹きつけ、期待を感じさせる存在にならなければいけないのです。

　そのためには、今まで以上に明確なコンセプトが必要になります。コンセプトを磨き上げ、訴求力を強化することによって客単価を上げる。それがアフターコロナを生き抜くホテル旅館の競争戦略の肝になるのです。

　コンセプトはホテル旅館の根幹です。顧客に対してホテル旅館の魅力をきちんと伝えるためには、例えば「あの旅館は○○な旅館」といったように、具体的なイメージを顧客に想起させなければいけません。その魅力の根源となるのがコンセプトです。したがって、マーケティング戦略を再構築するためには、コンセプトの見直しから始める。それが最初の一歩です（図表14）。

　コンセプトを見直すことによって、ターゲットが明確になれば、そのターゲットに訴求できる商品・価格・販売チャネル・プロモーションなどを適切に設計することが可能になります。具体的には、「コンセプトに合致するターゲットはどんな人なのか」「提供するプランはどのようなものにするか」「価格帯はどのように設定するべきか」「どの販売チャネルを通して販売するか」「採用した販売チャネルではどのようにプロモーション（販売促進、広告宣伝など）を行うべきか」といった設計を適切に行うことができます。つまり、コンセプトはマーケティング戦略全体の軸であると同時にホテル旅館の根幹となるツールであり、それを磨くことによって、初めて具体的な施策が見えてくるのです。

　最終的には、それに基づき「どのような料理を提供するか」「どのような接客で対応するか」「どのような内装で空間を演出するか」といった現場レベルのところまで落とし込んでいく必要があります。コンセプトを軸にして、ホテル旅館全体が提供するサービスを具現化していくのです。その見直し作業を具体的にイメージしていただけるよう、ホテルと旅館のコンセプト設定に用いるワークシートを例示するので、ぜひ参考にしてください（図表15、16参照）。

　以上みてきた通り、客単価を上げるには、コンセプトを磨き上げることによって、ホテル旅館の魅力的な打ち出しを強めていくことが必要不可欠です。もちろんこの一連の取り組みは、一朝一夕に出来上がるものではありません。そもそもコンセプトは常に磨き直す必要があり、経営を続ける限り終わりのない取り組みだということです。

②設定したコンセプトに応じて、販売チャネル構成を見直す

　客単価を上げるには、販売チャネル構成の見直しも重要なポイントです。客単価は販売チャネルによって異なり、一般的にリアルエージェント※よりもOTA※や直予約のチャネルのほうが高単価となっています。つまり、販売チャネル構成をより高単価のチャネルにシフトすれば、客単価を上げることができるわけです。具体的な見直し手順を図表17でお示しするので、ぜひ参考にしてください。

　宿泊業の性質上、1日に販売できる部屋数は当然ながらそのホテル旅館の客室数が上

【図表15】 旅館のコンセプト設定シートの例

お客様から見た今の○○旅館の姿

オンシーズン / オフシーズン

主なお客様	その他お客様の当館での過ごし方	その他お客様が当館に望んでいること
①熟年のご夫婦	・早めにチェックイン、チェックアウトも遅め。 ・夕食は部屋食。 ・露天風呂付の客室を好む。 ・結婚記念日など二人のお祝い。	・旅館で日頃の疲れを癒したい。 ・非日常の絶景と温泉と料理を堪能したい。 ・プライベートな時間を過ごしたい。旅館のスタッフや他の宿泊客との交流は望まない。
②友人グループ	・仲良しの友人同士で交流を楽しむ。	・友人たちとの会話が盛り上がる美味しい食事と心地よい温泉、快適な客室。 ・プライベートな時間と空間。旅館のスタッフや他の宿泊客との交流は望まない。
①家族 （二世代および三世代）	・還暦祝いなど人生の節目を家族と楽しむ。 ・大切な人との絆づくり。 ・家族で非日常の中で久々の再会を楽しんだりしてともに時間を過ごす。	・家族の会話が盛り上がる美味しい食事、みんなで快適に過ごせる広い客室。

持続的競争優位性（コア・コンピタンス）

・立地：全客室と大浴場が○○渓谷に面しており、人家がまったく視界に入らない。
・雰囲気：絶景を楽しめる露天風呂付客室。
・料理：地元の山の幸をふんだんに取り入れた会席料理、有名料亭出身の料理長。
・サービス：客室係の平均勤続年数○年。熟練スタッフの心温まるおもてなし。
・温泉：自家源泉掛け流し、美肌効果。
・客室：ゆとりのあるつくりで広めの客室。大きな窓から見える渓谷は日本画のような絶景。

○○旅館のありたい姿

○○渓谷の大自然の澄み切った空気と静かな空間で、非日常な時間を過ごせる環境で、日頃の疲れを癒し、山の幸にこだわった料理、源泉掛け流しの温泉のすばらしさに驚かされる和のリゾートでありたい。日本画のような絶景と歴史ある旅館の建物が醸し出す和風の雰囲気を楽しめる空間。日本画のような絶景のすばらしさにリフレッシュできる、身も心もリフレッシュできる和のリゾートでありたい。

一言でいうと○○旅館はどのような旅館？

景色、料理、おもてなし、温泉、客室の、すべてに満足していただける旅館。

○○旅館のコンセプト

「大自然に囲まれた和風リゾート。極上の料理と温泉、絶景の渓谷で非日常を楽しむ宿」

サービスポリシー

サービス	・非日常のくつろぎのひとときを過ごしていただけるよう、お客様ひとりひとりのニーズを察知し、さりげなくサービスを提供する。 ・三配り（目配り、気配り、心配り）の発揮。
料理	・地元の豊富な山の幸にこだわりながら、美味しさと見た目の驚きを追求する。 ・季節ごとに献立を見直し、季節が感じられる料理を演出する。
施設	・客室の大きな窓から見える日本画のような絶景に驚いていただくため、窓のくもり、汚れは特にチェックする。 ・季節毎の館内装飾で和の雰囲気を演出。花、干支の折り紙など。

【図表16】 ホテルのコンセプト設定シートの例

	宿泊	宴会（個人）	婚礼	宴会（法人）	レストラン
経営理念	最高品質のサービスを提供することで、地域社会の発展、人々の生活と文化の向上に貢献します				
経営のビジョン	地域社会に愛され、地域を代表するホテルとして欠かせない場所になります				
ターゲットとベネフィット ターゲット	記念日やお祝いを過ごす熟年夫婦、カップル、ファミリー	エリア：○○市を中心に半径20Km圏内【慶事】特別感のある華やかな会を志向【仏事（法事）】重要性の高い特別な法要を志向	エリア：○○市を中心に半径20Km圏内 招待客が多い、または少人数でも特別感のある各華やかな婚礼を志向	エリア：○○地域に展開する中規模～大規模の法人 創業際などの定期イベントを開催している	ビジネスマン、記念日やお祝いを過ごす熟年夫婦、カップル、ファミリー
ベネフィット	大切な人と、プライベートな時間と空間を過ごすことができる	少人数から大人数まで対応可能 多様なプランや料理の選択肢がある	高付加価値な料理 会場の規模は小規模から大規模まで選択肢がある 他にはない斬新なプランがある	少人数から大人数まで対応可能 会議や研修と組み合わせられる	商談にもふさわしい落ち着いた雰囲気、大人のくつろぎ

持続的競争優位性（コア・コンピタンス）

（他社がまねのできない強み）
- 美しい湖に面した景観
- 歴史あるホテルの重厚感のある内装、長年受け継がれてきた最高品質のサービスマニュアル
- 市内唯一の規模を誇る施設

（経営資源）
- 人材：幅広い年齢層からなる幹部スタッフ
- 施設：大小さまざまな客室と宴会場、ネットティンググループ　□
- 設備：目の前の湖で使えるプレジャーボート

○○ホテルのありたい姿
○○市で最も歴史あるホテルとして、格式あるサービスの伝統を守りたい
お客様のニーズや世間の関心を取り入れた斬新なアイデアを柔軟に取り入れ、お客様を驚かせたい

○○ホテルのコンセプト
「伝統と革新が同居する、ワンランク上のコミュニティホテル」

サービス指針
1. ○○ホテルの伝統を尊重することで、お客様のニーズに柔軟に応える心を忘れず、改革に挑戦します。
2. プロのホテルマンとして技量の研鑽に努め、最高品質のサービスを提供いたします。

	宿泊	宴会（個人）	婚礼	宴会（法人）	レストラン
サービスポリシー	・充実したルームサービス ・ファミリーやグループには、コネクティングルーム ・プレジャーボートでのレジャーなど、多彩なアクティビティ	・利用シーンに応じたプランの提供 ・慶事や仏事のアドバイス、コーディネート、提案 ・斬新なプランも用意	・利用シーンに応じたプランの提供 ・斬新なプランも用意 ・チャペル、神社の挙式プラン、衣装の多様な選択肢	・会議・研修と組み合わせたトータル宴集会プランの提案 ・求められる料理の品質を堅守する	・明確なコンセプト及び料理ジャンル、名物料理、地元食材 ・個室感のある各客席、落ち着いた雰囲気

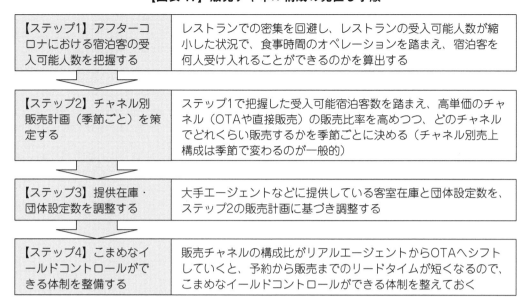

【図表17】販売チャネル構成の見直し手順

【ステップ1】アフターコロナにおける宿泊客の受入可能人数を把握する	レストランでの密集を回避し、レストランの受入可能人数が縮小した状況で、食事時間のオペレーションを踏まえ、宿泊客を何人受け入れることができるのかを算出する
【ステップ2】チャネル別販売計画（季節ごと）を策定する	ステップ1で把握した受入可能宿泊客数を踏まえ、高単価のチャネル（OTAや直接販売）の販売比率を高めつつ、どのチャネルでどれくらい販売するかを季節ごとに決める（チャネル別売上構成は季節で変わるのが一般的）
【ステップ3】提供在庫・団体設定数を調整する	大手エージェントなどに提供している客室在庫と団体設定数を、ステップ2の販売計画に基づき調整する
【ステップ4】こまめなイールドコントロールができる体制を整備する	販売チャネルの構成比がリアルエージェントからOTAへシフトしていくと、予約から販売までのリードタイムが短くなるので、こまめなイールドコントロールができる体制を整えておく

限です。たとえ売れ残っても、それを翌日以降に持ち越して販売することはできません（即時性）。また、第1章で述べたとおり、アフターコロナにおいては、レストランでの「密集」状態を避けるため受け入れ可能人数を減らす必要があります。それがボトルネックになって、客室稼働率を100%にすることが物理的に難しくなるという側面もあります。つまり、販売できる部屋数がこれまで以上に限定される中で、売上を維持向上させなければならない。それには限られた在庫をより高く販売するしか方法はないということです。具体的には、「どのチャネルに対して、どの程度販売するのか（在庫を振り分けるのか）」といった戦略を早々に検討し、明確な計画を設定することが重要です。

③販売チャネルは消費者の行動様式の変化も踏まえて使い分ける

前項で述べた「高単価傾向の販売チャネルにシフトしていく」ことに加えて、アフターコロナにおける消費者の行動様式の変化を踏まえ、販売チャネルを使い分けることも必要不可欠です。消費者の行動様式が変われば、必然的にホテル旅館の顧客属性（グループサイズや発地）も変わるので、随時顧客属性に適する販売チャネルを見極めていく必要があります（図表18）。

新型コロナウイルスが収束しても、団体客やインバウンドの需要が戻るにはまだ少し時間がかかると考えられます。もちろん国際観光都市の京都や奈良、東京をはじめとする首都圏はいち早くインバウンドの需要が戻るかもしれませんが、地方の観光都市はもうしばらく時間がかかりそうなので、当面ホテル旅館の顧客は国内の個人客が中心になると考えられます。したがって、国内個人客に適したOTA※や直予約を中心にするのが直近の販売方針となります。

【図表18】顧客属性とそれに適する主な販売チャネル

		近い ←――（発地）――→ 遠い		
		国内		海外
		同県・近県	遠方	インバウンド
個人（小 ↑ グループサイズ）	一人旅	（顧客属性に適する主な販売チャネル）OTA、直販売		（顧客属性に適する主な販売チャネル）海外OTA
	カップル・夫婦			
	家族			
	小グループ			
団体（↓ 大）	募集団体	（顧客属性に適する主な販売チャネル）リアルエージェント		
	一般団体			

　しかし、いずれは団体客やインバウンドも動き出します。今の段階では、それがいつ頃かは見通せませんが、常に消費者の行動様式の変化に注視する必要があります。そして、何部屋をリアルエージェント※や海外OTA※にも打ち出していくのかといった販売方針を前もって決めておく。客単価を維持すると同時に右肩上がりにするためには、常に販売チャネルが適切な構成となるようコントロールすることが重要です。

　特に団体客に関しては、自社の販売方針をしっかり持っていないと、客単価を上げるどころか値崩れを招く恐れさえあります。一般的に団体客のリードタイムは半年から１年程度あるため、早めに販売方針を決めておかないと、比較的単価の低い団体客が先に販売できる部屋数をブロックしてしまい、より高単価なOTA・直接販売に部屋を振り分けられなくなってしまうからです。しかもアフターコロナには団体旅行が少なくなる可能性が高く、取り合いによって価格競争が激しくなると考えられます。この価格競争に「敢然と参戦するのか、ある程度あわせるのか、それとも独自路線を貫くのか」といった判断が、今後の収益に大きな影響を及ぼすことになるのです。

3）新しい業態への転換

　ホテル旅館が「戦わないで勝つ」ための選択肢にはもう１つ、新しい業態に転換するという選択肢もあります。例えば、昔ながらの旅館の業態のままだと競争相手が多く独自色を出しづらい場合に、目新しい現代的な業態に転換すれば競争を回避することができます。

　今は様々な業態の宿泊施設があります（図表19）。昔からよく知られている主要な業

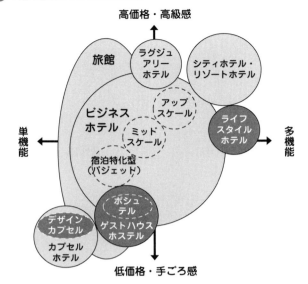

態を列挙すると、以下のようになります。

- ・旅館
- ・ビジネスホテル
- ・シティホテルおよびリゾートホテル
- ・ラグジュアリーホテル
- ・カプセルホテル

　旅館は客室が主に和室で、一泊二食を基本とする業態です。それに対して、客室が主に洋室の場合、業態全般を総称してホテルと呼びます。さらに一泊朝食付の宿泊機能に軸足を置いた「ビジネスホテル」と、宿泊部門だけでなく料飲部門、宴会部門、婚礼部門を併設した多機能で高級感のある「シティホテルおよびリゾートホテル」の2つに分類されます。

　それ以外にバブル景気の頃の高級志向の高まりで続々とオープンした高級外資系ホテルブランドに代表される「ラグジュアリーホテル」、日本で誕生した「カプセルホテル」が主要な業態とされています。

　これまでのホテル旅館は、そのほぼすべてが上記の業態のどれかに当てはまると言っても過言ではない状況でした。もちろんビジネスホテルの中には、スーパーホテルやアパホテルに代表される、よりシンプルに合理性を追求することでリーズナブルさを際立たせた「宿泊特化型」と呼ばれるホテルも登場していますが、これもビジネスホテルの一種と言えます。

　しかし、ここにきて以上の業態のどれにも当てはまらない新しい業態が次々に開発さ

れつつあります。例えば「ライフスタイルホテル」「ゲストハウス・ホステル」「ポシュテル」「デザインカプセルホテル」などがそれで、いずれもビフォーコロナの時期に開発された業態ですが、アフターコロナにおいては、このような新しい業態が徐々に存在感を増していくと考えられます。以下、代表的なものを具体的に見ていきましょう。

①ライフスタイルホテル

ライフスタイルホテルとは、デザイン性が高く、ユニークな空間で独自の価値を提供する新たなホテル業態で、近年注目を集めています。それぞれの宿泊客が思い思いに自分らしいホテルライフを満喫し、ホテルでの滞在自体を楽しむというコンセプトのホテルです。このライフスタイルホテルの多くが、宿泊客同士の交流を促す共用スペースを設置するなど、様々な工夫を凝らしています。例えば、宿泊客ならだれでも利用できる大規模かつ本格的な共用キッチンを設置し、そこで宿泊客が思い思いに料理を作る。そして、それを大きなダイニングテーブルに並べ初対面の宿泊客同士が気軽に食卓を囲むというホテルも登場しています。

また、広いリビングに大画面のテレビやホームシアター、ゲーム機などを完備し、宿泊者同士がスポーツ観戦で盛り上がったり、ワイワイとゲームを楽しむことができるホテルもあります。さらには宿泊者以外も利用できるカフェやバーを併設し、様々なイベントを開催することで地域の方々との交流を図る。あるいは伝統工芸がさかんな土地柄を生かして、工芸品の製作体験イベントや職人の方との交流イベントを企画するといった事例もあります。

こうした単身で長期滞在する外国人旅行者にも利用しやすいライフスタイルホテルが、ビフォーコロナに相次いで開業しました。「泊まるだけ」という価値観に基づいた、合理性を追求した宿泊特化型ホテルの対極にある業態と言えます。

なお、共用スペースがあったり宿泊客同士の交流が盛んに行われるという点だけを見れば、後述するゲストハウスやホステルと似ていますが、両者には決定的な違いがあります。それは、ライフスタイルホテルの客室がゲストハウスやホステルと違い個室になっていること。つまり、プライバシーを確保できるつくりになっていることです。そのため価格帯はゲストハウスやホステルより高価格帯になります。

②ゲストハウス・ホステル

　ホステルは、他の宿泊客と客室などをシェアするスタイルのリーズナブルな宿泊施設のことで、その中でも小規模なものをゲストハウスと呼びます。

　客室は、二段ベッドなどがいくつか置かれた相部屋が多く、このような客室をドミトリールームと呼びます。トイレやシャワーは共用で、朝食は提供されますが、それ以外の食事は宿泊客が共用のキッチンで自炊するスタイルが主流です。

　客室をはじめほぼ全ての機能を他の宿泊客とシェアするので、必然的に宿泊客同士の交流が生まれます。プライバシーやセキュリティの面では一般的なホテルに劣りますが、宿泊客同士のコミュニケーションが生まれる点がゲストハウス・ホステルの魅力と言えます。価格は共用機能が多いためライフスタイルホテルに比べて安価で、素泊まりの場合は一泊数千円程度が主流です。そのため外国人旅行者が長期間連泊するといったときによく使われます。

　このゲストハウス・ホステルは世界中に古くからある業態ですが、ビフォーコロナの時期に日本でもインバウンドの増加に伴い新規開業が相次ぎました。アフターコロナにおいても、インバウンドが回復するにつれて存在感を増していくと思われます。

③ポシュテル

　ポシュテルとはホステルの一種で、一般に高級ホステルと呼ばれています。古くから

あるホステル業態が現代風に進化したもので、外観や内装が洗練されているのが特徴です。

　日本においてもインバウンドが増加した時期、カフェやバーを併設したおしゃれな現代風ホステルの開業事例が多くみられました。

　ポシュテルは、②のゲストハウス・ホステルとともに旅館業法上、「簡易宿所営業」に区分されます。旅館業法では、旅館業を「旅館・ホテル営業」「簡易宿所営業」「下宿営業」の３つに分類しており、１つの客室を多人数で使用する業態はすべて「簡易宿所営業」に区分されるからです。この業態は「旅館・ホテル営業」に比べて建物の構造や設備に求められるハードルが低く、短期間あるいは小さな初期投資での開業が可能なため、インバウンドが急増したビフォーコロナの時は大変都合の良い業態として注目を集めました。

　このゲストハウス・ホステルやポシュテルについては、今後のインバウンド動向次第で再び注目を集める業態になると思われます。

④デザインカプセルホテル

　カプセルホテルは 1979 年に日本で生まれた業態です。男性ビジネスマンで賑わうサウナ施設での仮眠・宿泊ニーズに応えて誕生しました。カプセル型のコンパクトな宿泊空間は、当時普及していた寝台車両を参考に考案されたもので、「サウナでリラックスした後に仮眠をとる」「終電を逃した際に宿泊する」といった手軽なホテルとして愛用されてきました。その一方で、内外装が昭和の雰囲気を醸し出していること、実際に客層が中年男性中心だったことから、女性客や若い方には入りにくいという負の面もしばしば聞かれました。

　しかし、そうした"男性向け"のイメージが定着していたカプセルホテルも、10 年ほど前から既存のイメージを覆す新しい業態のカプセルホテルが台頭しています。リー

ズナブルでありながら見た目や機能が洗練されたカプセルホテルで、女性や若い方、外国人にも受け入れられています。まだこの業態には特定の呼び名は浸透していないため、本書では「デザインカプセルホテル」と呼ぶことにします。

例えば、2009年に一号店がオープンした「ファーストキャビン」は、その先駆けと言えます。コロナ禍によるインバウンドの喪失などを背景に2020年に破産申請しましたが、飛行機をコンセプトにした新しいホテルとして一世を風靡しました。コンパクトながらラグジュアリーな雰囲気であること、またカプセルホテルとしてはかなり余裕のある空間を確保した点など、当時のカプセルホテルの常識を覆した好例と言えます。もう1つ、高いデザイン性でカプセルホテル業態に新風を吹き込んだのがカプセルホテルチェーンの「ナインアワーズ」です。スタイリッシュな内装に加え、外壁にガラスの壁をふんだんに取り入れるなど、閉鎖的で薄暗いカプセルホテルのイメージを刷新しました。

こうしたカプセルホテルは旅館業法上、ゲストハウス、ホステル、ポシュテルと同様に「簡易宿所営業」に区分されます。一見、1つの客室を多人数で使用する業態の「簡易宿所営業」には当てはまらないと思われるかもしれませんが、カプセルホテルのカプセル型ベッドは客室ではなく家具として扱われるため、この範疇に入るとされています。なお、こうしたデザインカプセルホテルは、「旅館・ホテル営業」に比べて短期間での開業や小さな初期投資での開業が可能であることから、アフターコロナにおいても活発化する業態の1つと考えられます。

3　方向性（2）　新しいマーケットに出る

　ここでは本章の冒頭に掲載しました「ホテル旅館業の成長の方向性を示すマトリックス」（図表11）をもとに、具体的かつ詳しく説明することにします。このマトリックスの４象限のうち、横軸「既存サービス」×縦軸「旅行者」の象限（左下に位置する象限）が、従来のホテル旅館が土俵としている「既存のマーケット」に該当し、それ以外の３つの象限が、従来のホテル旅館のマーケットとは異なる「新しいマーケット」になることはすでに説明しました。

　アフターコロナを生き抜くにあたり、前項で述べたような既存のマーケットの範囲の取り組みではどうしても方向性を見出せない場合は「新しいマーケットに出る」という方向性で検討するべきです。その際、「とにかく何か新しいことをやらなければ」とやみくもに検討するのは得策ではありません。「ターゲット（縦軸）を変える」「サービス（横軸）を変える」「ターゲット（縦軸）とサービス（横軸）の両方を変える」という３つの方向に分けて考えれば検討しやすくなるはずです。以下、具体的に詳しく説明しましょう。

【図表11】ホテル旅館の生き残りに向けた方向性

新しいマーケット I 長期滞在プラン（ホテルに住む）、タイムシェア、介護や老健施設等へのコンバージョン…など		**新しいマーケット III** サテライトオフィス、テレワークスペース、コワーキングスペース、プライベート自習室、他事業との連携（eスポーツや生涯学習など）…など
既存のマーケット これまでのホテル旅館		**新しいマーケット II** グランピング、体験、交流空き家の活用…など

ターゲット：非旅行者（日常生活者）／旅行者（観光・ビジネス他）

提供するサービス：既存サービス（宿泊・料飲・宴集会・婚礼他）／新規サービス

45

1）新しいマーケットⅠ「宿泊サービスを、非旅行者に提供する」

　図表11のマトリックスの4象限のうち、まずは横軸「既存サービス」×縦軸「非旅行者」の象限（左上に位置する象限）を検討しましょう。旅行者ではなく、周辺エリアで日常生活を営んでいる方をターゲットにして、新たに自社のサービスを提供するビジネスの追求です。

　例えば、「ホテルに住む」というライフスタイルを提案し、長期滞在プランで客室を販売することが考えられます。実際、帝国ホテルやANAインターコンチネンタルホテル東京、リーガロイヤルホテルグループなど、コロナ禍において客室稼働率の低下に苦しむ有名ホテルが、2021年ごろから次々に長期滞在プランを発表して注目を集めました。例えば、リーガロイヤルホテルは長期滞在者専用フロアを設け、入り口にセキュリティドアを設置するなど、ホテルで暮らすことの快適性を追求しています。

　ほかにも長期滞在プランから派生するサービスとして、客室の長期滞在契約を複数人で分け合う「タイムシェア」も考えられます。タイムシェアは、海外の別荘でよく見られるシステムで、「別荘を所有していても利用する時期は限られるので、空いているときに利用してもらう」というサービスです。物件に滞在する権利を1週間単位で販売することで、気軽に購入してもらおうというわけです。

　それに近いサービスは、すでに日本でもヒルトングループのリゾートシステム開発会社「ヒルトングランドバケーションズ」が、日本国内を含む世界各国の人気リゾートエリアの客室をタイムシェアプログラムで販売しています。ただし、これは旅行者向けに展開しているサービスであり、日常用途ではありません。アフターコロナにおいては、こうした旅行者向けのサービスだけではなく、日常用途でのタイムシェアプログラムの開発も検討すべきでしょう。

　他にも、「客室を高齢者向けの施設にコンバージョンする」「オンラインのイベントや飲み会に自宅から参加しづらい方向けに、料理をケータリングして客室を使っていただく」といったサービスも考えられます。

2）新しいマーケットⅡ「新しいサービスを、旅行者に提供する」

　次に横軸「新規サービス」×縦軸「旅行者」の象限（右下に位置する象限）を検討しましょう。従来のお客様（旅行者）に対して、新たに提供するサービスの追求です。

　例えば、ホテル並みの宿泊体験を屋外で楽しめる贅沢なキャンプ「グランピング※」は、この象限に当てはまります。グランピングはビフォーコロナから注目され始め、コロナ禍において一気に注目を集めました。感染リスクの少ない宿泊施設であることが受けたわけですが、この勢いはアフターコロナにおいても続くと考えられます。というのも、コロナ禍を経てアウトドア志向の方だけでなく、一般の宿泊客にまで浸透しつつあ

るからです。実際、ここ数年グランピング施設を整備するホテル旅館が確実に増えています。

　例えば、ひとつひとつ独立したテントタイプやヴィラタイプの施設にすれば、ほかの宿泊客やスタッフとの接触機会をかなり少なくすることができます。さらに食事を各テント内でとれるだけでなく、チェックインとチェックアウトもテント内で済ませられるようにすれば、滞在中ずっと完全なプライベート空間で滞在できます。実際、そんな事例が多くなっています。

　予算的にも客室を大幅にリニューアルするとなると、一般的に大きな投資を伴いますが、グランピング施設であれば建物自体がテントなど軽微な施設なので、投資規模をかなり抑えることができます。

　ほかにも「旅行者同士や旅行者と地域住民で交流できるイベントを開催する」「地域に根ざした様々な文化体験やアクティビティを企画する」といったビジネスも増えつつあります。さらには「地域に散在する空き家を客室やフロントとして活用することで、町全体を1つのホテル旅館として運営する」という新しいサービスも注目されつつあります。1つの建物内に留まってサービスを提供するのではなく、旅行者に町を散策しながら宿泊体験していただこうという新たな試みです。

3) 新しいマーケットⅢ 「新しいサービスを、非旅行者に提供する」

　図表11のマトリックスの4象限のうち、横軸「新規サービス」×縦軸「非旅行者」の象限（右上に位置する象限）を検討します。周辺エリアで日常生活を営んでいる方をターゲットにして、自社の設備やその他経営資源を活用して何か新しいサービスを提供できないかを検討します。

　具体的には、稼働が落ちて余ってしまったスペースを活用したり、他業界と連携したりする方向性のビジネスが考えられます。

　例えば、スペースの活用という方向性では、ホテルの客室や会議室を一時的なサテライトオフィスとして活用していただくという、法人向けのサービスが考えられます。周知の通りコロナ禍においては、通勤によるリスクやオフィスに集まる人数を抑制するためサテライトオフィスの需要が高まりました。問題は、今後も引き続き需要があるかどうかですが、先行きが不透明な現状に鑑みれば、いまだに多くの企業がサテライトオフィスを長期的に必要とするかどうか見極められない状況にあると思います。であればオフィス物件を賃借して内装を整えオフィス家具を持ち込むといった大掛かりな対応ではなく、一時的にホテルのスペースを借り上げる方が明らかにお得なので、相当数の需要が見込めるのではないでしょうか。また、近隣に住む個人の方向けに、テレワークやコワーキングスペース、自習室としてビジネスマンや学生に普段使いしていただくサービ

スも有効だと考えます。

一方、他業界との連携という方向性では、eスポーツの主催企業と連携し、競技会場としてホテルの客室や宴会場などを使っていただくという取り組みが考えられます。感染対策上、大人数で一か所に集まって競技することが難しい場合でも、ホテルのような施設であれば、客室や宴会場などを活用することで分散型の競技運営が可能です。

4）補助金を積極的に活用しよう

もちろんホテル旅館には資金面の制約がある場合が多いので、出来ることと出来ないことがあります。しかし、既存のマーケットの範囲の取り組みではどうしても活路を見出せない場合には、立地の特性や既存の施設・設備の状況など、自社の特徴や強みを踏まえた上で「新しいマーケットに出る」という方向性も検討するべきです。

その際、新しい分野への展開や業態転換などに伴う設備投資に活用できる補助金があるかどうかの確認はマストです。そして可能な補助金等があれば、積極的に活用することをお勧めします。

なお、2021年5月にスタートした事業再構築補助金は2023年度も継続中です。この補助金を活用して、本稿で取り上げた「新しいマーケットに出る」という方向性で取り組んだホテル旅館が実際に多くあります。

第4章
ホテル旅館のこれからの
見通しと課題（業態別）

●この章のポイント●

本章では、執筆時点（2023年1月上旬）における新型
コロナウイルスの感染状況および観光業に対する支援策を
ベースに、主要4業態別における今後の売上回復につい
て仮説を立てていきます。もちろん個々のホテル旅館の売
上回復は、それぞれの立地や規模、主要顧客層、経営管理
力、マーケティング力などによって大きく異なります。し
たがって、ここでの仮説はあくまでも筆者の見立てであり、
汎用性を持たせた一つの目安と考えてください。

なお、世界的な原油高やインフレに伴う金利上昇、地政学
的リスクなど、グローバル化がもたらす経済・金融リスク
の可能性は考慮しないものとします。

1 ホテル旅館の主要4業態

　第3章第2項の「(3) 新しい業態への転換」で解説したとおり、ホテル旅館には様々な業態があります。当然ですが業態が異なれば、その特性や課題も異なります。そこで本書では、本章以降、業態別に解説していくことにします。なお、業態区分は比較的施設数の多い以下4つの業態を、ホテル旅館の主要4業態とすることにします。

＜ホテル旅館の主要4業態＞
　①大中規模の旅館（客室30以上）
　②小規模の旅館（客室30未満）
　③ビジネスホテル
　④シティホテルおよびリゾートホテル

　旅館については、規模によって事業特性が異なるので「大中規模の旅館（客室30室以上）」と「小規模の旅館（客室30室未満）」に区分して扱います。また、特性がまだ定まっていない「ライフスタイルホテル」などの新しい業態や、数が比較的少ない「カプセルホテル」などの業態は、本書では解説の対象から外しています（図表20参照）。

【図表20】 ホテルの業態分類

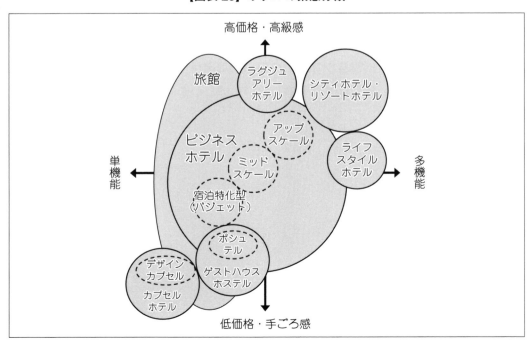

2　ホテル旅館のこれからの見通しと課題

1）ホテル旅館の売上回復予測の前提条件

　コロナ禍の間に宿泊旅行に対する消費者心理は大きく冷え込みました。しかもアフターコロナにおける消費者心理は、ビフォーコロナとは全く別物なので、たとえ感染動向が落ち着いても、完全に回復するまで道のりは険しいと推測されます。

　もちろん国も手をこまねいたわけではありません。2020年7月22日に東京都を除外する形で「Go To トラベル事業」をスタートさせるなど、様々な需要喚起策を打ち出してきました。ただし「Go To トラベル事業」については2020年12月に中断され、それに代わって旅行代金の割引及び飲食店等で利用できるクーポン等を配布する「全国旅行支援」が実施されました。なお、「全国旅行支援」は本書の執筆時点では2023年3月末までとされていますが、延長される可能性もあります。

　一般社団法人日本フードサービス協会が行っている「外食産業市場動向調査」（2022年11月度）によると、外食産業全体の売上は2019年11月比で100.7％まで回復しています。11月は新型コロナウイルスの新規感染者数が増加に転じた時期にもかかわらず増加に転じていることから、外食する機運は元に戻りつつあるとみられます。

　これは、消費者の外食に対するリスクの許容度が上がってきたことの証左であり、感染するリスクよりも外食を楽しみたいという気持ちが勝っている消費動向を表しているものと考えられます。であれば、外食市場と似た動きをする旅行市場の宿泊動向も、同様の動きとなると推察されます。

　以上のような状況に鑑みると、ホテル旅館の売上回復の予測には、以下の7つの観点を前提条件にする必要があると考えられます。

＜7つの前提条件＞
　前提条件（1）新型コロナウイルスの感染動向
　前提条件（2）ワクチン3回接種の接種率
　前提条件（3）緊急事態宣言・まん延防止等重点措置
　前提条件（4）全国旅行支援、Go To キャンペーンなど、行政による需要喚起策
　前提条件（5）テレワークや web 会議の浸透による出張需要の減退
　前提条件（6）飛沫感染リスク低減のため会食・宴会需要の減退
　前提条件（7）インバウンドの需要回復度合い

さらにこれら7つの前提条件を個別に時系列で示すと、図表21のようになります。

【図表21】 ホテル旅館の売上回復予測の前提条件

	2022年度 1月〜3月	2023年度 4月〜6月	7月〜9月	10月〜12月	1月〜3月	2024年度	2025年度
前提条件（1）	第8波 →	増加と減少を繰り返しながら落ち着きを見せる →					
前提条件（2）	3回接種率は約7割 →	接種率は徐々に増えるが伸びは鈍化 →					
前提条件（3）	緊急事態宣言・まん延防止等重点措置などの発出は無い →						
前提条件（4）	全国旅行支援あり		全国旅行支援は終了。新たな支援策は特段実施されない →				
前提条件（5）	テレワークが浸透し、出張需要は減退 →						
前提条件（6）	感染拡大予防のため会食・宴会（大人数）需要は減退 →						
前提条件（7）	水際対策は緩和 →		中国からの入国時検査が解除 →				

　前提条件（1）の新型コロナウイルスの感染動向については、執筆時点（2023年1月）で猛威を振るっている第8波も2023年度に入るころには落ち着きを見せていると仮定します。そして、その後は再び新規感染者数が増え、しばらくすると減る。この波を繰り返しながら徐々に収束するというイメージで、その間、全く新しい変異株や新ウイルスは出現しないものとします。

　前提条件（2）のワクチン3回接種の接種率については、現時点の接種数67.7％（2022年12月28日時点）を基準に、2023年以降徐々に伸びるものの8割弱で頭打ちになるものとします。1回目のワクチン接種数が全人口の77.8％に達したことに鑑みれば、これ以上伸びることは無いと考えられるからです。

　前提条件（3）の緊急事態宣言・まん延防止等重点措置については、2023年1月以降発出されないものとします。2023年1月時点で政府が経済を優先させる姿勢を見せていること、また多額の営業協力金の支出を伴う緊急事態宣言やまん延防止等重点措置を再度発出するだけの動機が見当たらない、と考えられるからです。

　前提条件（4）の全国旅行支援については、前述したとおり本書の執筆時点では2023年3月末までとされています。たとえ延長されても2023年夏ごろには終了し、それ以降は行政による需要喚起策は実施されないものとします。

　前提条件（5）の出張需要の減退については、コロナ禍によって明らかに出張需要が減っています。代わりにテレワークやオンラインミーティングがすでに浸透しているので、これが元に戻るとは考えられません。

　前提条件（6）の飛沫感染リスクを回避する会食・宴会需要の減退については、大企業を中心に大人数での会食や宴会を控える傾向が、今後も継続するものとします。

　前提条件（7）のインバウンドの需要回復度合いについては、水際対策の緩和によっ

て 2022 年以降回復傾向にあります。しかしながら、2022 年 11 月の訪日外国人旅行者数は 935 千人と、2019 年同月比で▲ 61.7％と依然として低調です。要因は、「中国を筆頭に外国人が日本に旅行に来る機運の高まりにいまいち欠けること」「国際線の航空便の回復の遅れ」「世界的な資源高や金利上昇により景気悪化の懸念が広がっていること」などが考えられます。また、2023 年 1 月現在、新規感染者数が猛烈に増えている中国からの入国時検査を行う臨時措置が 2022 年 12 月 30 日から実施されており、この制限が解除されるのにも少し時間がかかりそうです。以上からインバウンドの回復については、特に中国からの訪日旅行者数の影響からビフォーコロナの数字にまで戻るのは 2024 年度以降と予測されます。

2) ホテル旅館の主要 4 業態の売上回復予測

　前述の前提条件を踏まえて、ホテル旅館の主要 4 業態（大中規模の旅館、小規模の旅館、ビジネスホテル、シティホテルおよびリゾートホテル）の売上回復を予測したのが図表 22 です。2018 年 4 月〜 2019 年 3 月の期間売上を基準年として、各業態の売上が基準年比でどれくらい回復するかを予測しています。あくまでも外部環境の変化をもとに各業態の売上回復の大まかな傾向を予測したものであり、実際には各ホテル旅館の経営能力やコンセプト、立地、サービス品質などによって売上回復度合いは異なります。そのため売上回復度合いについては、ある程度幅を持たせて提示しています。

【図表 22】 ホテル旅館の主要 4 業態の売上回復予測

表中の数値（％）は今後の売上回復度合い（基準年同時期比）。
基準年＝コロナ禍の影響がない2018年4月〜2019年3月とした。

	2022年度	2023年度	2024年度	2025年度
大中規模旅館の標準	80%〜100%	60%〜80%	80%〜100%	80%〜100%
小規模旅館の標準	100%〜120%	80%〜100%	80%〜100%	80%〜100%
ビジネスホテルの標準	80%〜100%	60%〜80%	80%〜100%	80%〜100%
シティホテル・リゾートホテルの標準	60%〜80%	60%〜80%	60%〜80%	60%〜80%

網掛けの期間＝概ねビフォーコロナ時の売上まで回復する期間。

①大中規模の旅館（客室 30 以上）の売上回復予測

　客室数が多い大中規模の旅館は、その全てを個人客で埋めることはできないので、必然的に団体客（募集団体含む）で埋めることが客室稼働率を維持する前提条件になります。中長期的に見れば団体客は減少し、個人客へ移行する可能性が高いと思われますが、それでも当面の間は比較的高い割合で団体客は存在し続けます。したがって、大中規模

旅館の場合は、団体客の取り込みによる売上の底固めがマストとなります。

とは言え、コロナ禍において団体客が激減したのは事実であり、大中規模旅館は非常に苦しい状況に置かれています。それでも2022年10月から始まった全国旅行支援によって、それまで実施されていた各道府県の県民割よりもエリアが広がったこと、また東京都も含まれたことによって一気に大中規模旅館の宿泊需要は高まりました。この恩恵を最も受けている業態が、この大中規模旅館と言っても過言ではありません。団体客の戻りが悪いところに個人客の予約が多く入ったことで、概ねビフォーコロナに近い水準まで戻った旅館が多かったということです。全国旅行支援が終わるまでは、こうした状況が確実に続くと予想されます。

2023年度以降に全国旅行支援が終了すると、その反動で宿泊需要が減退し、売上が60%～80%程度まで落ち込む旅館が多くなると思われます。もちろん中国からの訪日外国人旅行者が戻り始めれば、ビフォーコロナ時の売上まで戻る可能性は十分あります。つまり、中国の新型コロナウイルスの新規感染者数の落ち着き次第で状況が好転する可能性もありますが、現時点では2024年度以降に本格的に回復すると予想するのが妥当だと考えられます。いずれにしても中国からの訪日外国人旅行者が戻ってくれば、インバウンドは本格的な回復を見せるはずです。

②小規模旅館（客室30未満）の売上回復予測

この業態は、コロナ禍においても売上の回復が早い旅館が多くみられました。特に客単価が2～3万円以上で露天風呂付き客室を多く持つ旅館、あるいは食事会場が個室で区切られている旅館などは、コロナ禍においてもビフォーコロナ以上の売上を獲得した旅館が少なからずありました。そもそも建物の構造上コロナ対策ができていたこと、それを目当てに海外旅行に行けない富裕層の需要があったことが主な要因と考えられます。

さらに全国旅行支援が、この業態には追い風となっており、2022年度は100%～120%程度まで売上を回復させられると思われます。ただし、2023年に全国旅行支援が終了すると、その反動で一時的に売上は頭打ちとなります。それでもこの業態は、概ねビフォーコロナの売上を維持できると推測されます。

小規模旅館の中には、ビフォーコロナにおいてインバウンドを数多く集客していたところも少なからずあります。そうした旅館にとっては、インバウンドの回復の遅れが若干気になるところですが、まだまだ富裕層の国内需要が旺盛なため十分カバーできると考えられます。いずれにしても2023年度中には回復すると思われるので、いずれ落ち着く国内需要と反比例する形でインバウンドが戻ってくるというシナリオが想定されます。

③ビジネスホテルの売上回復予測

コロナ禍で一番打撃を受けたのが、この業態です。都市型、地方都市型問わず出張需

要が激減したこと、またインバウンド需要がほぼ消滅したことで売上が激減したホテルが多くみられました。ひどいときには、売上がビフォーコロナの10％まで激減したホテルまでありました。

そんなビジネスホテルも全国旅行支援の恩恵を受けたことで、2023年1月時点ではほぼすべてのビジネスホテルがビフォーコロナの売上水準まで回復しています。今後も少なくとも2022年度末の全国旅行支援が終了するまでは、この状況が続くとみられます。

ただし2023年度からの見通しはそれほど楽観できるものではありません。前述したとおり全国旅行支援が打ち切りになれば、その反動で客室稼働率は下がってしまいます。また、大企業を中心にテレワークやオンラインミーティングが常態化しつつあり、今後は通常業務の一環として組み込まれる可能性が高いことも影響しそうです。つまり、出張需要がビフォーコロナの時代には戻らないので、せいぜい60％〜80％程度の回復にとどまるビジネスホテルが多くなると考えられます。ただし、もともとインバウンドに強みのあるビジネスホテルに限定すれば、回復しつつあるインバウンド需要を取り込むことによって、2024年度以降はビフォーコロナ時の売上まで回復すると思われます。

④シティホテル・リゾートホテルの売上回復予測

一般にシティホテルは数多くの機能を持っています。そのうち宿泊部門の売上回復については、ビジネスホテルとほぼ同じ動きになると考えられます。

一方、コロナ禍の影響を一番受けたのが宴会部門と婚礼部門です。宴会部門は、飲食店の大人数利用の動向に類似しており、現時点でも大規模な宴会が街場※のレストランで行われることは少なくなっています。したがって、この部門がビフォーコロナの売り上げまで戻る可能性は極めて低いと思われます。

もう1つの婚礼ですが、こちらはそもそもビフォーコロナの時代からシティホテルの競争優位性が弱まっていました。ゲストハウスウエディングやレストランウエディングなどの専門業態に、ハード面やソフト面で劣るという評価が定着しつつあったからです。しかもそうした専業会社が年々増えており、今やお互いに戦いながら勝ち残っていくレッドオーシャンの様相を呈しています。そこにコロナ禍が襲ったわけですから、この部門の売り上げはどのホテルも激減したまま今日に至っています。

アフターコロナにおいても、シティホテルで婚礼を上げる消費者が少なくなっていること、あっても一組あたりの人数が減少傾向にあることに鑑みれば、悲観的にならざるを得ません。つまり、シティホテルの宴会と婚礼はビフォーコロナの売上水準まで回復するのは困難でしょう。以上のことから、シティホテル・リゾートホテルの売上の回復は、せいぜい60％〜80％という状況が恒常的に続くと考えられます。

第5章
ホテル旅館の正常収益力の考え方

●この章のポイント●

アフターコロナの今、業績が悪化したホテル旅館を支援する金融機関や支援機関には、留意すべきことがあります。「そのホテル旅館の業績悪化は、本当にコロナ禍のみによるものか」ということです。

事実、新型コロナウイルスの感染拡大によりホテル旅館業界の経営環境は様変わりしています。

今、ホテル旅館が望むのは、何よりも旅行需要がビフォーコロナの水準に回復することであるのは間違いありません。しかし、旅行需要さえ回復すれば、業績は回復するのでしょうか？全ては「コロナのせい」なのでしょうか？

そうではありません。確かに全国のホテル旅館が新型コロナウイルス感染症の影響を受けましたが、そもそも業績に恒常的に影響を与える「正常収益力」が劣るホテル旅館は、たとえ旅行需要が回復しても業績は回復しません。つまり、ホテル旅館を支援する金融機関や支援機関は、コロナ禍の混乱の中にあっても冷静に「正常収益力」を見極めて支援方法等を判断することが重要なのです。

本章では、アフターコロナのホテル旅館の業績を見通すうえで欠かせない「正常収益力」の考え方を解説します。

1 その業績悪化は、本当にコロナ禍のみによるものか

1）ホテル旅館の経営環境は、昔から激動の連続だった

これまでホテル旅館が直面した経営環境の変化は、新型コロナウイルスの感染拡大だけではありません。ビフォーコロナの時代にも、ホテル旅館は大きな経営環境の変化にたびたびさらされてきました。

例えば、大きな自然災害が発生すれば、周辺の交通機関が遮断されたり館内の施設設備に不具合が生じたりすることで、復旧までの期間の売上は途切れてしまいます。逆に、周辺地域が映画やテレビドラマなどの影響で注目を集めれば、観光客が押し寄せて売上が急増するといった特需もあるでしょう。そのような出来事が起こるたびに、ホテル旅館の業績は上下します。

こうした一時的な出来事のほか、ホテル旅館は経済・社会の環境変化の影響ももろに受けてきました。例えば、高度経済成長期からバブル期の時代は団体旅行のお客様が増えました。職場や地域の皆さんで行く、数十名規模の団体旅行です。ホテル旅館はその団体客を受け入れるため、5〜8名程度で泊まれる和室をたくさん整備しました。また、宴会場やカラオケルーム、土産物売り場の充実など、団体旅行ニーズに対応するために大きな設備投資を行いました。送客は、今のようなインターネットのない時代なので、リアルエージェント※に頼っていました。

その後、時代の流れに伴い国内旅行のニーズは大きく変化します。職場や地域の団体旅行はいつのまにか減っていき、代わりに家族単位や夫婦・カップル、2〜3人程度の友人グループなど、少人数の旅行が増え、客室の好みも和室から洋室へと変化しました。

顧客のホテル旅館選びも変わり、リアルエージェントではなく、顧客が直接インターネットでホテル旅館を探すようになりました。そうなると送客をリアルエージェント※ばかりに頼るのではなく、OTA※も活用しなければなりません。ホテル旅館は販売チャネルについても大きなかじ取りを余儀なくされたのです。

さらに2013年頃から2019年にかけてはインバウンドが激増しました。この7年間のインバウンドの増加ペースはすさまじく、数年単位で倍増を重ねるというハイペースで市場の様相を塗り替えていき、客層は大きく変化しました。そうした激動の歴史を経て、2020年、新型コロナウイルス感染症の拡大が始まったのです。

2）経営環境が変わっても生き残る力をはかる「正常収益力」

以上見てきたとおり、ビフォーコロナにおいてもホテル旅館の経営環境は激動の連続でした。自然災害や期間限定の政策のような一時的・突発的な出来事もあれば、人口動

向や人々の価値観の変化のような永続する出来事もありました。その中で業績に影響をおよぼしてきたのが、それぞれのホテル旅館が持つ「正常収益力」です。「正常収益力」とは突発的・一時的な影響を控除した収益力のことで、時代が変化しても将来にわたって影響する収益力、つまり生き残る力のことです。

　激動する経営環境の中にあってホテル旅館が生き残り、かつ業績を上げ続けるには、様々な工夫が必要不可欠です。マーケティング面の工夫はもちろんですが、それ以外にもサービス、食事、設備・備品など、様々な分野で工夫を凝らす必要があります。ただし、それらの工夫をただ闇雲に「たくさん実施すればよい」ということではありません。やりっぱなしにすることなく効果を確認し、より効果的な策に改善したり集約したりしていく仕組み、つまりPDCA※を回す仕組みが必要です。さらには、その仕組みをうまく運用する人材と、その人材を率いる経営者も必要不可欠です。

　ホテル旅館の「正常収益力」を左右するのはそれらの総合力です。ともするとコロナ禍の影響にばかりに目を奪われますが、コロナ禍においても業績の裏に隠された「正常収益力」を見落とせば的を射た支援はできません。ホテル旅館の真価は、何か突発的なことが起こるたびに上下する業績の数字ではなく、「正常収益力」で判断することが極めて重要なのです。

3）コロナ禍の影響で、正常収益力が見えにくい

　コロナ禍で業績が悪化したホテル旅館の中には、「業績悪化の要因はコロナ禍のみ」というケースもあれば、「もともと正常収益力が低下していたところにコロナ禍の影響を受けた」というケースもあります。

　前者の「業績悪化の要因はコロナ禍のみ」のケースであれば、旅行需要が回復すれば業績は回復に向かいます。このケースのホテル旅館を金融機関や支援機関が支援する場合、支援方針は「適切な感染防止策を講じながら今を乗り切る」ということになります。

　一方、後者の「もともと正常収益力が低下していた」ホテル旅館の場合は、旅行需要が回復しても業績の回復は見込めません。業績を回復させるためには、正常収益力のテコ入れが必要不可欠となります。

　実際に支援対象のホテル旅館が、この2つのケースのどちらに該当するのかをどうやって見極めればよいのでしょうか。少なくとも財務資料などの数字だけで見極めることは困難です。もちろんコロナ禍の影響がない平常時であれば、業績が悪くなったことをきっかけに正常収益力の低下に気付くことができます。しかし、アフターコロナにおいては、コロナ禍が数字の動きに大きな影響を与えているため、それが正常収益力低下の兆しをすっぽり隠してしまっている可能性が極めて高いのです。

2 正常収益力の概念

　金融機関の立場でホテル旅館に対する支援の可否を考えるとき、「そのホテル旅館はアフターコロナにおいてどこまで収益力を戻すことができるのか」を見極めるのは容易ではありません。コロナ禍による業績悪化があまりにも甚大で、ホテル旅館の真価が見えにくくなっているためです。

　本書では、ホテル旅館の真価を「正常収益力」と呼ぶことにします。具体的には突発的・一時的な影響を控除した収益力（売上高や EBITDA など）のことで、その概念を示したのが図表 23 です。

【図表 23】正常収益力の概念

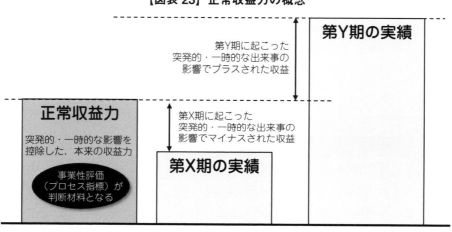

　図表 23 は、ある旅館 Z の正常収益力（ここでは売上とします）と、過去の第 X 期と第 Y 期の実績（売上）を並べたものです。

　この旅館は第 X 期において、観光シーズンである繁忙期に大型台風の直撃を受け甚大な浸水被害を受けました。そのため交通機関の復旧と、施設設備の不具合を解消するまでの間、宿泊客を受け入れることができず、売上は大幅に減少しました。

　また別の第 Y 期には、JR による大型観光キャンペーンであるディスティネーションキャンペーン※が実施され、期間中は連日満室となるほど賑わいました。

　この第 X 期と第 Y 期の売上は、どちらも旅館 Z の真の実力を反映した数字でないことは明らかです。つまり、将来の PL 計画を作成するにあたっては、第 X 期や第 Y 期の実績をベースにするのは誤りであり、旅館 Z が経験した浸水被害やディスティネーションキャンペーンの影響を除外した真の収益力をベースにする必要があるということ

です。

　また、将来の PL 計画をつくる際には、ホテル旅館の総合力をはかる「事業性評価」の評価結果も踏まえる必要があります。なぜでしょうか。それはアフターコロナのホテル旅館の経営環境は、ビフォーコロナとは間違いなく異なり、元通りになることはないと考えられるからです。つまり、その新しい環境を生き抜く力を見極める材料として「事業性評価」の評価結果は必要不可欠なのです。

　新型コロナウイルスの流行がホテル旅館業界に与えたインパクトは、自然災害やディスティネーションキャンペーン※などの一過性の出来事とは全く異なります。第１章「2. 2020 年に始まったコロナ禍で何が起きたか」で述べたとおり、コロナ禍によってもたらされた消費者の行動様式の変化や旅行ニーズの変化は、徐々に緩和することはあっても完全に元の状態に戻ることはありません。したがって、新しい経営環境下を柔軟に生き抜く力と、アフターコロナにおける正常収益力を見極めるには、ホテル旅館の「事業性評価」の結果を判断材料として活用するのが最適と言えます。

3 正常収益力の判断材料となる事業性評価の進め方

　前項で述べたとおり、アフターコロナのホテル旅館の支援にあたって見極めるべき正常収益力の判断材料になるのが「事業性評価」です。具体的な正常収益力の算定方法および事業性評価結果を加味する方法については第7章で詳しく解説するので、ここではそれに先立ち、事業性評価の内容と進め方について解説します。

1) コロナ禍によって、ホテル旅館の事業性評価はさらに重要性が増す

　事業性評価の必要性はビフォーコロナから長らく叫ばれてきましたが、コロナ禍が業績に大きな影響を及ぼした今、ますますその重要性は増しています。今や業績指標に頼って「過剰債務だから新規融資は難しい」あるいは「現状のEBITDA※比率が5%程度だから事業性が低い」といった評価では、そのホテル旅館の正常収益力を見極めることは不可能です。業績指標に頼る評価手法では、一時的な外部要因に引きずられてしまい、そのホテル旅館が持つ真価を見失ってしまうからです。

　事業性評価の特徴は、業績指標などによって定量的に見る観点に加え、日々の経営活動のレベルを定性的に見る観点を備えていることです。つまり、経営活動のレベルからホテル旅館の将来性を見極めるのが事業性評価であり、評価にあたっては財務データなどの定量的な項目以上に、経営活動のレベルを定性的に評価する項目が重要になります。

　問題は、それらの評価項目をどのように設定するかです。というのも、財務状況を評価する項目は財務の知見と少しの業界知識があれば作れますが、経営活動のレベルを定性的に評価する項目は、対象となる業界に関する深い知見が必要だからです。産業によって評価すべき経営活動の要素や求められる水準が異なるため、定性評価のための項目設定には深い知見が必要になるということです。

　しかもホテル旅館業の事業性評価には、一般的な産業よりも幅広い観点の評価項目が必要です。ホテル旅館業は、一般的な産業分類ではサービス業に属しますが、空間を売る装置産業でもあるという特殊性があるからです。そのため、サービスレベルだけでなく建築物や施設設備に関する評価項目も必要になります。さらに、それぞれの評価項目における評価基準を設定するにはホテル旅館の現場感覚も欠かせません。つまり、ホテル旅館に関する深い知見がなければ、有意な評価項目・評価基準を作ることはできないのです。

　本書では弊社が数々のホテル旅館の事業再生に取り組んできた知見に基づき、業界の知見がない方でも平易に運用していただけるよう、ホテル旅館業界用の評価項目・評価基準を提示しています。簡潔かつ具体的に解説しているので、ホテル旅館業界に関する

知見がない方にも容易に運用していただけるはずです。

2）評価項目の概要

ホテル旅館の事業性評価について、評価項目の全体像を示したのが図表24です。

【図表 24】 ホテル旅館の事業性評価項目概要

ホテル旅館の事業性評価項目（46 〜 53 項目）		
(注) 評価項目数は業態により異なる		

結果指標による評価項目（8 〜 9 項目）
（経営活動の結果数値をはかる、財務データ）

大分類	中分類	評価項目数（注）
投資・財務活動 （2 項目）	● 借入 ● 投資	1 項目 1 項目
収益力 （6〜7 項目）	● 売上 ● コスト ● 利益	3 項目 2 〜 3 項目 1 項目

プロセス指標による評価項目（38 〜 44 項目）
（定性的な経営活動のレベル・将来性をはかる）

大分類	中分類	評価項目数（注）
経営者 （5 項目）	● 社長の資質 ● 承継者の有無・資質	4 項目 1 項目
組織 （6〜8 項目）	● 組織体制 ● 人的資源 ● 人材管理	4 〜 5 項目 1 〜 2 項目 1 項目
経営管理 （3〜4 項目）	● 予実管理 ● 資金繰り管理	2 〜 3 項目 1 項目
マーケティング （8 項目）	● 施設コンセプト ● プラン造成 ● 価格戦略 ● 販売チャネル管理 ● 広告宣伝	2 項目 1 項目 1 項目 3 項目 1 項目
オペレーション （9〜13 項目）	● サービス ● 仕入 ● 調理 ● 施設管理 ● 清掃	2 〜 3 項目 1 〜 2 項目 2 〜 3 項目 1 項目 3 〜 4 項目
施設 （5〜6 項目）	● 客室 ● 大浴場 ● パブリック ● 消耗備品類	1 項目 0 〜 1 項目 3 項目 1 項目

　図表24のとおり、評価項目は「結果指標」（8〜9項目）と「プロセス指標」（38〜44項目）の2つに分けられます。なお、評価項目の内容と数は、第4章で解説した主要4業態ごとにそれぞれ異なります。

　まず、「結果指標」ですが、ここでは経営活動の結果数値である財務データをもとに評価します。大きな括りとしては「投資・財務活動」と「収益力」に分かれ、あわせて8〜9個の評価項目があります。これらの評価項目によって、対象となるホテル旅館の実績、つまり顕在能力をはかります。

　一方、「プロセス指標」は、定性的な経営活動のレベルをもとに評価するもので、弊

社が持つ業界の知見を余すところなく盛り込んだ具体的な内容となっています。大きな括りとしては「経営者」「組織」「経営管理」「マーケティング」「オペレーション」「施設」の6つに分かれ、あわせて38～44個の評価項目があります。これらの評価項目による評価結果が、対象となるホテル旅館の将来性、つまりアフターコロナにおける経営の対応力で、これがアフターコロナの正常収益力の判断材料になります。

　そのため評価項目数も、「結果指標」より「プロセス指標」の方が圧倒的に多くなっています。これは将来性を見極めるためには、過去実績よりも現在取り組んでいる経営活動のレベルを重視する必要があるからです。

3）コロナ禍の影響を除外した真価をはかる「プロセス指標」

　どの業界でもそうですが、コロナ禍の影響を受けた決算期の財務データは平常時より悪化しているのがほとんどなので、必然的に「結果指標」はビフォーコロナよりアフターコロナのほうが低評価になります。一方、日々の経営活動のレベルを定性的に見ることに徹する評価項目の「プロセス指標」は、ビフォーコロナとアフターコロナであまり変わらないはずです。だからこそコロナ禍の影響を除外した真価の部分を見極めることができるのです。

4）事業性評価の進め方

　ホテル旅館の事業性評価では、全評価項目をリストにした「事業性評価票」を使って対象となるホテル旅館を評価します。「事業性評価票」には全ての評価項目と評価基準が具体的に記載されているので、業界の知見がない方でも簡単に評点をつけることができます（図表25）。その評点を評価分野（評価項目の分類）別に集計することで、どの分野に強み・弱みがあるのかを見出すとともに、対象となるホテル旅館の総合力を見極めていくわけです。

　具体的には、次のステップで事業性評価を進めます。

　ステップ1：評価項目に沿って情報を集め、評点をつける

　ステップ2：評点を集計する

　ステップ3：評価結果から対象となるホテル旅館の総合力を見極める

　以下、各ステップの作業について見ていきましょう。

■ステップ1：評価項目に沿って情報を集め、評点をつける

　「事業性評価票」の評価項目に沿って、対象となるホテル旅館へのヒアリングや財務資料などから情報を集め、各評価項目に1点～3点の評点をつけます。評価項目には、それぞれ3段階評価の選択肢が具体的に記載されているので、選択肢の中から対象とな

るホテル旅館に当てはまるものを選ぶことで評点をつけていきます。

　ただし新型コロナウイルスの感染拡大の影響により、一時的に運営が混乱しているホテル旅館の場合、日々の経営活動のレベルを定性的に見る評価で迷うケースがあるかもしれません。例えば、スタッフのサービスレベルの評価において、「今は人手不足に陥っているため一時的にサービスレベルは下がっているが、人手不足を解消すれば本来のサービスレベルに戻るはずである」といった場合に、人手不足の状態にある今を評価するのか、本来の状態で評価するのか、といったケースです。この場合は、一時的な今の状態ではなく、本来はどのようなサービスレベルなのかをヒアリングすることで、本来の状態を評価するようにしてください。

　なお、「事業性評価票」には「旅館（客室30以上）用」「旅館（客室30未満）用」「ビジネスホテル用」「シティホテル・リゾートホテル用」の４種類あり、それぞれ評価項目・評価基準が一部異なります。本書の巻末に全評価項目をリストにした「事業性評価票」を掲載しているので、対象となるホテル旅館の業態に応じて使用する評価票を選択してください。あわせて本書の巻末に「事業性評価票」のエクセルファイルのダウンロードサイトのアドレスも掲載しているので、具体的に評価する際に活用することをお勧めします。

【図表 25】「事業性評価票」（大中規模の旅館用、一部抜粋）

事業性評価票　＜旅館（客室30以上）用＞

対象施設名：○○旅館

・総売上高	1,100,000 千円
・償却前営業利益	97,000 千円
・有利子負債残高	1,700,000 千円

評価実施日：2018/12/1　評価担当者：○○

項目ID	評価項目			評価基準			参考			評点記入欄	
	大分類	中分類	評価項目詳細（具体的な確認事項）	評点：3点（良い）	評点：2点（普通）	評点：1点（悪い）	定性/定量	指標分類	診断材料の例	対象施設の評点（1・2・3のいずれかを入力）	メモ
1	投資・財務活動	投資	適正な設備投資ができているか？	毎期の設備投資が総売上高の2%以上あり、過去10年に総売上高の10%以上の大規模投資をしている	毎期の設備投資の規模が総売上高の2%以上ある	毎期の設備投資の規模が総売上高の2%に満たない	定量	結果指標	ヒアリング、固定資産台帳	1点	
2	投資・財務活動	借入	有利子負債が年商に対して大きすぎないか？	有利子負債対年商倍率が1倍未満である	有利子負債対年商倍率が1倍以上2倍未満である	有利子負債対年商倍率が2倍以上である	定量	結果指標	ヒアリング、財務資料等	2点	
3	収益力	売上	施設規模に相応しい売上があるか？	1室あたり総売上が1,000万円以上である	1室あたり総売上が700万円以上1,000万円未満である	1室あたり総売上が700万円未満である	定量	結果指標	財務資料等	3点	
4	収益力	売上	客室が充分に稼働しているか？	客室稼働率が70%以上である	客室稼働率が50%以上70%未満である	客室稼働率が50%未満である	定量	結果指標	ヒアリング、経営管理資料等	2点	
5	収益力	売上	売上の大幅な減少はないか？	直近3年の売上成長率がマイナスでない	直近3年の売上成長率が▲5%以上0%未満である	直近3年の売上成長率が▲5%未満である	定量	結果指標	財務資料等	2点	
6	収益力	コスト	料理材料の仕入コストは適正か？	料理材料の対売上比率が20%未満である	料理材料の対売上比率が20%以上23%未満である	料理材料の対売上比率が23%以上である	定量	結果指標	財務資料等	1点	
7	収益力	コスト	人件費・外注費は適正か？	人件費比率（外注費含む）が30%未満である	人件費比率（外注費含む）が30%以上35%未満である	人件費比率（外注費含む）が35%以上である	定量	結果指標	財務資料等	2点	

■ステップ２：評点を集計する

「事業性評価票」の全ての評価項目に評点をつけ終えたら、評点を集計します。集計は、どの分野に強み・弱みがあるのかを見極めるため、評価分野単位で平均評点を算出します。その際、「事業性評価票」に記載している評価項目の分類名を、そのまま評価分野として使うことができるので、ぜひ活用してください。

また、最終的な集計は、「結果指標」と「プロセス指標」の二つに分けて、それぞれ集計します。「結果指標」の評価結果は顕在能力を、「プロセス指標」の評価結果は将来性を見極める指標として活用するためです。なお、どちらの指標に該当するかは、「事業性評価票」の「参考」列内の「指標分類」列に記載しているので参考にしてください。

【図表26】 事業性評価結果の集計例

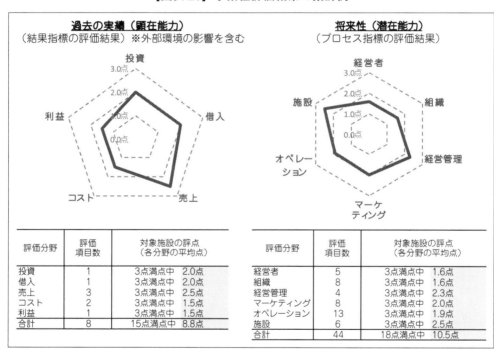

評価分野	評価項目数	対象施設の評点 （各分野の平均点）
投資	1	3点満点中　2.0点
借入	1	3点満点中　2.0点
売上	3	3点満点中　2.5点
コスト	2	3点満点中　1.5点
利益	1	3点満点中　1.5点
合計	8	15点満点中　8.8点

評価分野	評価項目数	対象施設の評点 （各分野の平均点）
経営者	5	3点満点中　1.6点
組織	8	3点満点中　1.6点
経営管理	4	3点満点中　2.3点
マーケティング	8	3点満点中　2.0点
オペレーション	13	3点満点中　1.9点
施設	6	3点満点中　2.5点
合計	44	18点満点中　10.5点

（注）図中の数値や評価結果は架空のものであり、本書で取り上げる事例とは一切関係ありません。

図表26は、事業性評価結果の集計例です。このように集計・グラフ化すれば、対象となるホテル旅館の評価結果が一目で分かります。なお、「事業性評価結果のシート」についても、「事業性評価票」と同様に本書の巻末に掲載するとともにエクセルファイルのダウンロードサイトのアドレスも掲載しているので、ぜひ活用してください。

特にエクセルファイルについては、「事業性評価票」に評点を入力するだけで自動的に「事業性評価結果」のシートに集計結果が表示されるので便利です。ぜひ、お手元のパソコンにダウンロードして活用してください。

■ステップ３：評価結果からホテル旅館の総合力を見極める

評価結果をまとめたら、そこから対象となるホテル旅館の総合力を見極めます。評点は「３点＝強い分野」「２点＝普通の分野」「１点＝弱い分野」を意味し、このレーダーチャートの形から、どの分野に強み・弱みがあるかを把握するわけです。

なお、新型コロナウイルス感染拡大のような外部環境の影響が含まれる「結果指標」の評価結果と、将来性を表す「プロセス指標」の評価結果は、別々にチェックする必要があります。「結果指標」の評価結果はすでに業績として顕在している力を表したものに過ぎないのに対して、「プロセス指標」の評価結果は、現在行われている経営活動のレベルの評価結果であり、ここで見出された強み・弱みが、将来の業績つまりアフターコロナを生き抜く力を左右する可能性が高いからです。

したがって、対象となるホテル旅館の総合力を見極めるには、「結果指標」の評価結果をベースに、「プロセス指標」の評価結果を加味して見極めることがきわめて重要になります。例えば、「結果指標」の評価結果において「売上」分野（売上獲得力）が弱いホテル旅館でも、将来性を表す「プロセス指標」の評価結果における「マーケティング」分野の評価が高ければ、「売上の悪化はおそらくコロナ禍など外部要因によるもので、内面には、今後の収益力を改善していけるポテンシャルを秘めている」と考えることもできるのです。

逆に、「結果指標」の評価結果において「売上」分野（売上獲得力）が強いホテル旅館でも、将来性を表す「プロセス指標」における「マーケティング」分野の評価が低い場合は要注意です。これまでの売上は偶発的な外部要因によってもたらされた可能性が高く、アフターコロナにおいて長続きしない可能性があるからです。したがって、この場合は結果指標の評価を鵜呑みにせず、その背景まできちんと見て判断することが重要になります。

もし融資担当の皆さんが、こうした事業性評価の結果が思わしくないホテル旅館と融資取引を行うことになったら、どのような点に注目すればよいのでしょうか。そのときは、迷うことなく将来性を表す「プロセス指標」に着目し、それよって顕在化した強みと弱みを考慮して支援策を検討するべきです。

5）事業性評価結果（プロセス指標）のとらえ方

まずは事業性評価を通して総合力を見極め、次いで前項でお伝えしたようなレーダー

チャートの形に集計すれば、評価項目のどの分野に強みがあるかを把握することができます。

その際、「結果指標」の5つの分野「投資」「借入」「売上」「コスト」「利益」については、ホテル旅館業界の知見がない方でもおおよその内容を理解できると思いますが、「プロセス指標」の6つの分野「経営者」「組織」「経営管理」「マーケティング」「オペレーション」「施設」は、ホテル旅館業界の知見がない方には具体的な意味を掴みにくいと思います。

ここでは、「プロセス指標」の6分野いついて、それぞれの分野での強みの意味、つまり、そのホテル旅館が実際にどんなことが出来ているのかを、具体的に解説していきます。

① 「経営者」の分野に強みがある場合のとらえ方

業種を問わず、中小企業の業績は概ね経営者次第で大きく変わります。特にホテル旅館は大規模な設備投資を伴う装置産業でもあるので、なおさら経営者の判断が業績に与える影響は甚大です。しかも新型コロナウイルス禍においては、設備投資だけでなく人員体制の見直しにも着手する必要があっただけに経営者の判断が業績に大きな影響を与えました。大規模な設備投資を行う場合、その多くは借入によって資金調達されるので、最終的な経営判断を行ったのは経営者です。現在、過剰な債務に苦しんでいるホテル旅館や新型コロナウイルスの感染防止策をうまく確立できなかったホテル旅館の多くは、この経営判断が間違っていたわけです。

しかし、上記のような失敗をした経営者でも、改善への強い意欲が感じられる、あるいはスタッフと密なコミュニケーションを取り、常にスタッフを巻き込みながら改善策を着実に実行する能力のある経営者なら、業績改善の見込みは十分あります。改善意欲のある経営者は、現状を客観的に把握しようとするし、外部の意見を積極的に取り入れようとします。こうした自身の過去の失敗を失敗として受け止めることが出来るというスキルが重要なポイントであり、どんなに厳しい会社でも、自身の失敗を受け止められる経営者がいれば必ず業績改善できると言っても過言ではないのです。

現状を的確に認識できれば、今後会社が目指すべきあるべき姿や目標も具体的に見えてきます。そうすると、自身は何をすべきか、具体的なアクションプランも腹に落ちやすく、日々一歩ずつ進んでいけるのです。日々一歩ずつ進めば、1年間後にはどれだけ進歩することができるでしょうか。容易に想像できるはずです。

1年経過したときに業績改善が目に見えると、さらに弾みがかかります。その後は、経営者が自ら課題を設定し、さらなる高みを目指して課題解決に取り組むという好循環が形成されていくのです。

■「組織」の分野に強みがある場合のとらえ方

　ホテル旅館は、規模の違いはありますが多くのスタッフで運営されます。経営者一人が頑張っても限界があります。そのため、経営者と幹部がコミュニケーションをどれほど密に取っているか、定期的な会議体がどの程度機能しているか、部門長のマネジメント能力がどれほどあるのか、リーダークラスで主体的に動けるスタッフがいるのかどうかなど、組織面が業績に与える影響は非常に大きいものがあります。

　経営者は大きな方針を出し、スタッフがそれを理解して実行に移す。スタッフが現場でつかんだ顧客のニーズや嗜好の変化を経営者に伝える。経営者はそれを戦略策定に活かして、また方針をスタッフに伝える。この経営者と現場の往復運動がうまく出来ている企業は、業績が改善します。何故なら、環境の変化をいち早く察知して、その変化に対応できるからです。

　平常時には、現場スタッフは従来通りの運営を続ければある程度の業績を上げることができます。しかし経営環境が大きく変わるなどして従来通りの運営では対応できなくなったとき、組織の力が問われます。新型コロナウイルスの感染拡大は、まさにホテル旅館の組織の力、つまり経営者のダイナミックなかじ取りの力が問われる出来事でした。客層が変わり、おもてなしのやり方が変わり、感染防止策の導入に伴う新しい業務マニュアルが必要となりました。「コロナ対応に取り組んでいるホテル旅館」としてお客様に安心していただき、コロナ禍に立ち向かうには、経営者が方針を出して短期間のうちにスタッフに浸透させる、組織の強い力が不可欠です。

　また、新型コロナウイルスへの対応の難しいところは、感染動向の波が激しく、ワクチンや感染防止策などに対する社会全体の認識が刻一刻と変化するところです。ホテル旅館が一度確立した運営を、社会の状況に合わせて随時見直す必要があるのです。各自治体においては新型コロナウイルスでダメージを受けた観光業の復興支援策として宿泊

助成や割引クーポンなどが用意されましたが、復興支援策には短期間での導入や度重なる変更も多くありました。こうしたことに臨機応変に対応するには、刻一刻と変化する最新情報を入手し、経営者が対応方針を決めて現場に具体的な対応手順を浸透させる、ということを繰り返さなければなりません。

　弊社が組織において特に重要視しているのは、「部門長のマネジメント能力」と「リーダークラスに主体的に動けるスタッフがいるかどうか」です。新型コロナウイルスの感染拡大当初のように急激に経営環境が変化すると、経営者は短期間で対応方針を打ち出す必要があり、十分に具体化できないまま指示を出さなければならない場面もあります。そのようなときにも、組織の結節点になる部門長にマネジメント能力が十分にあれば、少々至らない指示や戦略であっても、部門長が部下に指示する際にかみ砕いた言葉でよりよい方法で伝えようとする。現場の感覚や顧客のニーズ変化に対応しようと修正がかかるのです。そして、顧客満足度をさらに高めるサービスの提供が可能となるのです。

　現場で先頭に立って動くのはリーダークラスとなります。彼らが、部門長が現場向けに修正して伝えた戦略にもとづき、具体的な指示を受けて動くことで、実際のサービスが改善されます。そのためにも、実行部隊としてリーダークラスが先頭に立ってサービスを提供できることが重要なのです。この部門長とリーダークラスのスタッフが良い人材であれば、改善が日々実行されるため、業績改善は可能なのです。

■「経営管理」の分野に強みがある場合のとらえ方

　経営管理とは、経営目標を達成するために組織を効率的・効果的に運営する取組全般のことで、入り（収益）と出（費用）を明確かつ迅速に把握して、速やかに改善策を打ち出す仕組みのことを言います。

　会計には、財務諸表を作成し利害関係者に情報を提供するための財務会計と、社内で数値データを収集・分析して現状把握や経営判断に役立てる管理会計があります。経営管理は管理会計に重きを置きます。経営は、究極的には計画通りの利益を出すことに尽きます。そのために現状をいち早く把握して、計画とズレが生じたならばどこに問題があるのか、どうすれば問題が解決できるのか、PDCAサイクルを回すことになります。

　経営管理がしっかりしているホテル旅館は、PDCAサイクルが的確に回っているため、たとえ外部環境が大きく変化したとしても利益減少のリスクを最小限に抑えることが出来ます。

　ホテル旅館業界は、コロナ禍の影響が甚大な業界の筆頭に挙げられます。感染が拡大すればたちまち客足が激減します。感染状況が落ち着いてくると、人々はまず近場の商業施設やレジャー施設から外出を再開し始め、宿泊を伴う観光旅行を考えるのはその次の段階となります。つまり、ホテル旅館業界は感染状況が落ち着いてきたときの客足の戻りも非常に鈍い業界なのです。

　また、震災や風雪被害などの自然災害が収益に与える影響もとても大きい業界です。大雪で交通機関が麻痺したり、報道で被害状況が広く周知されたりすると、すぐに予約キャンセルにつながります。特に団体旅行はキャンセルになりやすく、その分大きな売上減少につながりやすいのです。

　経営管理がしっかりしていると、どれほどの予約がキャンセルになるかおおよその予想がつきます。予想がつけば、その売上減少に対する対策を講じることができます。例えば人員配置を換えて、パート社員やアルバイト社員の出勤時間を調整することができます。稼働させる客室を限定することにより、水道光熱費を少しでも節約することもできます。

　もう一つの側面として、部門長育成の効果があります。経営管理が適正に機能しているホテル旅館は、部門別会計も的確に行われています。部門長は毎月自部門のPLを把握していますので、目標売上との乖離状況はもちろんのこと、原価や人件費、主要費目について予実差異分析を行います。特に、売上と原価、人件費の管理が部門長に求められます。多くのホテル旅館の部門長は、やるべきオペレーションをきちんと実行することに終始しがちですが、経営管理が徹底されていると経営感覚が身につくのです。部門長としてマネジメント能力の向上を図る機会があることによって、自然とスキルアップにつながります。また、経営者と同じ言葉で同じ目線を持って運営しますので、経営者の意思や意図を現場に反映させやすくなります。自部門を一つの会社と見立てて経営することに近い経験を積むことができます。その結果として、部門長のマネジメント能力の育成につながるのです。

■「マーケティング」の分野に強みがある場合のとらえ方

　ホテル旅館のコンセプトが明確であると、顧客への訴求力が高まり、競合との差別化が図られやすくなります。

　旅館であれば、客室と料理、温泉、おもてなしが主な提供価値となります。例えば、客室は露天風呂付き客室で、12畳プラスベッドもある。料理は、地の食材をふんだんに使用した和製ガストロノミーをイメージしたもの。温泉は、加温加水しない数少ない本来の掛け流し。女将と仲居が心を込めて提供するおもてなし。このような旅館があったとして、これはこれで高単価な小規模旅館のイメージになり、それなりに寛げそうです。提供するサービスとしてはこれで良いのですが、顧客から見て分かりやすい旗印となるコンセプトが明確に設定されていると、さらに価値が高まるということです。

　この旅館のコンセプトの設定例は次のようなものです。この旅館のメインターゲットを、40代の子供の居ない、それぞれが独立して仕事をばりばりしている夫婦であるとしましょう。年収はそれぞれが稼いでいますので、世帯収入として2千万はくだらないでしょう。このような夫婦が、忙しい毎日の中でホッと出来る休日に利用する旅館です。客室、料理、温泉、おもてなし、全てホンモノを求めています。仕事に妥協を許さないのと同じで、休日もしっかり休む。このような夫婦に対して、「○○地方のホンモノの休息を提供する宿」というコンセプトを設定したとします。この「ホンモノ」という一本の軸に客室や料理、温泉、おもてなしが紐付くことで、よりターゲットに刺さりやすい旅館になるのです。そうすることにより、このようなターゲットに対しての訴求力が高まり、他の旅館に浮気しない魅力を提供し続けることが出来るのです。

　コンセプトがしっかりしていると、売り物と売り方も明確になります。ターゲットのニーズに沿った売り物と売り方が明確であれば、必ず売上につながります。他の競合に客を取られることなく、自社が提供する商品を買い続けてもらえるからです。口コミが

ネットを中心に広がり、自然と新規顧客も増えていきます。そうして売上が増えていくのです。

　特にアフターコロナにおいてはコンセプトを磨き上げることが業績回復に直結します。客室稼働率が低下したホテル旅館は客単価を上げる必要に迫られており、客単価を上げるためには魅力的なコンセプトを明確に打ち出す必要があるからです。また、「旅行は感染リスクを伴うもの」という意識が消費者に植え付けられた中で「それでもそこに行きたい」と思わせるには、やはり明確なコンセプトが求められます。マーケティングの強みを発揮できれば、アフターコロナの客足の戻りに好影響をおよぼすでしょう。

■「オペレーション」の分野に強みがある場合のとらえ方

　オペレーションは、ホテル旅館が提供するサービスそのものを表しています。料理とサービスが主となります。顧客はこれらの体験を通して、品質と価格のバランスを判断します。事前期待よりも高ければ顧客満足につながります。顧客満足が高ければ口コミなどで他者へお勧めされますし、顧客自身が再度利用しようとするロイヤルティに発展します。

　料理は、その土地の食材を使用し、季節感があることが基本です。しっかりとした調理技術に基づく味の良さが前提条件です。しかし全ての料理をそうしてしまうと手間がかかりすぎたり、原価がかかりすぎたりします。料理のクオリティをどの程度追求すべきかは、提供価格を踏まえて検討します。客単価2,500円前後の居酒屋料理と客単価8,000円の会席料理と同じ土俵で比較しても意味がありません。1泊2食の旅館ですと、平均客単価が10,000円未満、10,000円以上15,000円未満、15,000円以上20,000円未満、20,000円以上の区分で分けて比較すると良いと思います。料理だけですと、3,000円未満、3,000円以上5,000円未満、5,000円以上7,000円未満、7,000円以上10,000円未満、

10,000以上の区分に分けて比較すると良いです。同価格帯の料理を比較して、評価対象のホテル旅館の料理が土地のものと旬のものをどれほど取り入れているのかを見るのです。そうすることで料理の強みを見出すことが出来ます。

　サービスは、仲居さんやサービススタッフの目配り、気配り、心配りが出来ているかどうかが重要です。形式張ったサービスにはあまり価値はなく、顧客ファーストのサービスを提供できているかに尽きます。このおもてなしが仲居さんやサービススタッフによってさほど差が無いことも重要です。このようなサービスが出来ているホテル旅館は、一朝一夕に他の競合ホテル旅館は真似できないため、非常に重要な差別化の源泉となります。

　アフターコロナのおもてなしでは、顧客との接触機会をできるだけ減らさなければならなくなりました。しかし、おもてなしが必要とされなくなったわけではありません。難しいことですが、少し離れた場所から顧客をよく見るだけでも、顧客のニーズを先読みすることは出来ます。また、最低限の接触の中でも笑顔は伝わります。接触機会を減らしながら、距離を保ちながら、スタッフのおもてなしの心を顧客にきちんと伝える工夫が求められます。例えば、マスク越しでも目の表情で笑顔を伝えることができます。大きな声を出さなくても、これまでより丁寧なおじぎや、身振り手振りを交えたコミュニケーションで感謝の気持ちを伝えることができます。アフターコロナにおいては、より高度なサービスのスキルが必要になったといえるでしょう。

　このようなサービスを提供できるホテル旅館には、継続して良質なサービスを提供し続ける仕組みがあります。

　まず、良い人材を採用する仕組みです。ホテル旅館は厳しい労働環境であることが若年層に周知されているため、良い人材が集まりにくい状況が続いています。有効求人倍率も非常に高い業種です。ある旅館では、地元での合同企業説明会に参加する際に、女将が、入社2年目のスタッフを連れて行きます。学生からすると、一番身近な存在の先輩です。その先輩の率直な話を聞くことで、働くイメージが具体的にわきます。良いこともつらいことも伝えます。先輩の話を聞いて入社するスタッフは、その先輩を頼って仕事をすることも出来ますし、入社して仕事をしたときに事前のイメージとギャップもありませんので、長続きするのです。また、先輩にとっても後輩はかわいいものです。お互いに励まし合いながら頑張れるのです。

　次に、育成する仕組みです。サービスマニュアルやサービスチェックリストなど、標準化され明文化されたサービススタンダードがあると良いです。最近は、ビデオやYouTubeなど、いつでもサービスする映像が見られる、教育しやすいツールの活用も多いようです。しかし、さらに重要なのは、サービスを担当する支配人やマネージャー、女将や仲居頭が、常にサービスの現場にたち、スタッフをよく見ることです。準備から

接遇、お見送りまで一連の流れにおいてスタッフが目配り、気配り、心配りのあるサービスを提供しているかをチェックすることです。適宜気づいたことをすぐにフィードバックして指導教育することが重要です。スタッフは、さらにこうした方がもっとお客様が喜ぶよ、というやり方を教えてもらうと、自分の成長につながりますし、やる気も出ます。自分が成長することでもっとお客様に喜んでもらえる。そして、お客様からありがとうと言われる。このような経験をすると、さらに成長したいと考えるものです。

　上記のような仕組みがあると、サービスの質が恒常的に上がっていくのです。

■「施設」の分野に強みがある場合のとらえ方

　館内の居心地の良さは、見た目だけではなく、計画的に基本機能を維持するための修繕と更新が出来ているからこそ得られるものです。これがホテル旅館としての一番の基本機能です。ロビーに入った瞬間に感じるすがすがしさや快適さ、館内を歩いた時に感じるよどみがない気持ちの良い空気、客室の清潔な水回り、快適なお湯の出、など旅先で寛ぐために最低限必要なラインをクリアすることがまずは重要です。

　借入が過多で資金繰りも厳しいホテル旅館が多いので、収益をすぐに生まないこのような設備投資はどうしても後回しにしてしまいがちです。見た目の華やかさや、時流にのっとったしつらえよりも、これら基本機能がしっかり発揮されているホテル旅館は、少々古くさい意匠であっても、美しく年を重ねた女性のように味わいが出てくるものなのです。

　この基本機能が維持されていることが大前提であり、その上で、現代の顧客のニーズに合った客室、ロビー周り、大浴場やアメニティがあると、これらが引き立つのです。

　マーケティングの項で述べたコンセプトが施設の見た目でも表現されていると、さらに顧客満足は上がります。サービス面だけではなく、見た目も一貫性が出てくるため、

顧客からすると非常に分かりやすいからです。ソフト面は顧客の捉え方によって温度差が生じますが、ハード面は見た目なのであまり感じ方に違いが出にくいものです。そのため、コンセプトに紐付いた施設の内外装で統一感があると、顧客からの評価はぐっと上がるのです。

第6章
事業性評価結果の分析

●この章のポイント●

ホテル旅館と言っても様々な業態があるため、その事業特性を一括りに語ることはできません。さらにホテル旅館には、「業態は同じでも規模によって直面する課題は異なる」という特殊性があります。

本章では、ホテル旅館の主要4業態「大中規模の旅館」「小規模の旅館」「ビジネスホテル」「シティホテル・リゾートホテル」について、それぞれ標準的な事業性評価結果の傾向と、そこから見出される事業特性について解説します。

さらに主要4業態について、それぞれコロナ禍のさなかに事業性評価を実施した事例を取り上げ、標準的な評価結果と比較します。コロナ禍のさなかにあり業績が悪化しているホテル旅館の事業性評価をすると、当然「結果指標」の評価は標準的な事業性評価結果よりも低くなります。一方「プロセス指標」の評価は、コロナ禍のさなかだからといって低くなるわけではありません。「プロセス指標」は、コロナ禍の影響を除外したホテル旅館の真価をはかる指標であることを、本章の中で主要4業態それぞれについて示していきます。

本章で使うグラフの数値、用語の意味は、以下のとおりです。

〈グラフの数値〉

・各業態の事業性評価結果の傾向を示すグラフは、弊社が再生支援に関わったホテル旅館の実際の評点の集計値です（評点は再生計画策定時点（事業再生前）のものです）。

・レーダーチャートのグラフに示した評点は、分類別平均評点で、各業態に該当するホテル旅館の平均点です。

〈用語の意味〉

・グラフ中の「金融支援小」とは、事業再生に際して実施された金融支援の手法が、リスケ※またはDDS※だったホテル旅館を指します。

・グラフ中の「金融支援大」とは、事業再生に際して実施された金融支援の手法が、債権買取※または直接放棄※または第二会社方式※だったホテル旅館を指します。

1 大中規模旅館の事業性評価

本項では、前半の項「1）大中規模旅館の標準的な事業性評価」で、大中規模旅館の評価結果の傾向と業態の特性を解説します。そして後半の項「2）コロナ禍の大中規模旅館Aの事業性評価」では、事業性評価結果のうちコロナ禍の影響を受ける部分と、コロナ禍の影響を受けない部分（旅館の真価をあらわす部分）を、実例を使って示していきます。

1）大中規模旅館の標準的な事業性評価

ここでは、弊社が実際に再生支援に関わった旅館のうち、大中規模の旅館（客室30室以上）54社の分析結果を使って解説します。この54社の平均評価を「標準的な評価結果」として扱います。なお、この54社のうちコロナ禍の影響を受けた旅館が17社含まれますが、ビフォーコロナの旅館が中心となっています。

【図表 27】大中規模の旅館（客室 30 以上）の事業性評価結果の傾向

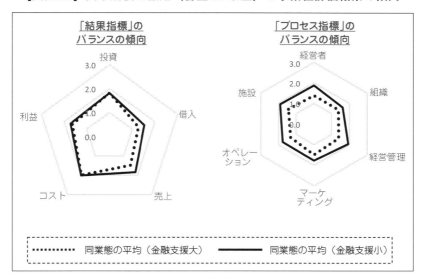

　まず、結果指標の評価結果ですが、ここから見えてくるのは「売上の評価が低いほど金融支援が大きくなる傾向にある」ということです。これは大中旅館でも、特に 100 室規模以上の旅館になると顕著になります。

　その理由は、この規模になると固定費が重くのしかかり、相当な売上がなければ利益を出すことができないからです。通常、規模が大きくなるほど過去に大規模な設備投資をしているので、どうしても減価償却費や固定資産税など、施設にかかる経費が大きくなります。また、館内が広く、規模が大きいほどパブリックスペースを贅沢に大きくとっていますし、客室 1 室あたりの坪数も広くなる傾向があります。

　当然、パブリックスペースを贅沢にとったり、客室 1 室あたりの坪数を広くとったりすると、空調にかかる燃料費や重油、電力の負担が増えるので水道光熱費が大きくなります。特に寒冷地の場合、冬の暖房にかかる燃料費が一気に大きくなるので注意が必要です。もちろん暑い地域の冷房費もかなりの負担増になりますが、寒冷地における暖房費のほうがはるかに大きな負担になります。寒冷地の暖房のほうが、暑い地域の冷房よりも外気温と設定温度のギャップがはるかに大きいので、大きなエネルギーを必要とするからです。

　例えば、集中のボイラーと熱交換器を入れているホテル旅館の場合、その多くが A 重油※を燃料として使用しています。A 重油※のコストは、原油の世界市況によって大きく変わります。特に世界情勢が流動的な局面に入ると、重油単価は高騰します。まさに 2021 年以降は、新型コロナウイルスの感染拡大やロシアのウクライナ侵攻などの影響を受けて原油価格は高騰し、重油単価も上昇しました。こういった世界情勢の動きが、

すぐにホテル旅館の水道光熱費に影響を与えるわけです。

　また、箱が大きいため、多数の顧客を迎え入れるスタッフも多く配置する必要があります。かつてのように団体客が宴会場を使ってくれれば効率的にサービスを提供することも可能でしたが、今や宴会場を利用する団体客は減少の一途をたどり、個人客が増え続けています。さらにアフターコロナにおいては、部屋出しのニーズも高まっています。そうなると部屋出しをしている旅館は言わずもがなですが、宴会場に個人客を集めて食事のサービスを提供している旅館でも、スタッフ増は避けられません。理由は、団体客より個人客の方が手数を必要とすることが1つ、もう1つはスタッフが個対個のサービスやアフターコロナの「密」を避けるサービスに慣れていないからです。

　しかも規模が大きい旅館は固定費が過大になるため、どうしても損益分岐点売上高が大きくなります。その売上高を確保するには「収益性の低い安価な宿泊プランでも売っていかなければ」と考えるようになります。実は、それが客単価を下げ、単に売上を上げてもなかなか収益を上げられない非効率的な収益構造の旅館となる主な要因なのです。

　一方、プロセス指標の評価結果ですが、大中規模の旅館の場合、レーダーチャートがデコボコすることはなく、きれいな六角形になることが多いです。つまり、6つの評価分野の中に目立って低評価となる分野がなく、バランスがとれた評価結果になる傾向があります。

　なぜ、バランスの取れた評価結果になるかというと、一定規模以上の旅館の場合、マネジメント機能を発揮しなければ経営が成り立たないからです。もちろん経営者によって巧拙はありますが、少なくともマネジメントを発揮し、バランス良く経営している姿が見て取れます。逆説的な言い方をすれば、「一定規模以上の旅館の場合、単なる家族経営からの脱却しなければ経営は成り立たない」ということです。

　なお、大中規模の旅館の場合、プロセス指標の評価結果が低いほど金融支援が大きくなる傾向が強く出ます。特に「施設」と「経営管理」の分野の評価が低いと、金融支援が大きくなる傾向にあります。

①「施設」の傾向

　まずは、「施設」の評価が低いと業績も落ち込む要因から見てみましょう。

　大中規模の旅館の場合、大きな施設を維持するための設備投資がどうしても膨らみがちです。本来であれば毎期売上の2％程度を修繕や更新の費用に当てることによって、施設の基本機能を維持することができます。しかし、筆者の経験則上、こうした計画的な設備投資を行っているところは少ないのが現状です。

　当然ながら規模が大きいほど、十分な利益を出すために必要な売上は大きくなります。しかし、バブル期に比べて団体客が大きく減少したこと、それにコロナ禍の打撃も加わった昨今、客室を埋めるのはそう簡単ではありません。しかも新型コロナウイルスの感

染状況によって一進一退する不安定な観光客市場の中にあって、今や客室を埋めるのは至難の業と言っても過言ではありません。当然、売上は思うように伸びず、営業キャッシュフローは減少し、設備投資に回す資金も不足しがちになる。そして、最終的には施設を維持するために必要な最低限の設備投資も出来なくなり、旅館としての基本機能すら維持できないという悪循環に陥るわけです。

　皆さんも、次のような体験をしたことはないでしょうか。ホテル旅館のロビーに入った瞬間、薄暗い照明と湿気た匂いに戸惑いを覚えたといった体験です。こうした違和感が生じるのは、主に基本機能である空調に不備があったり、照明が十分でない場合です。この違和感が問題なのは、ロビーに入った瞬間に感じた顧客の違和感が、宿泊する時間全てにおいて、意識の底にへばりついてしまうからです。食事をしていても、部屋で寛いでいても、違和感がずっと残ってしまうのです。

　こうなってしまうと、顧客から十分な評価を得ることはできませんし、ネットの口コミ評価も下がります。売上は減少傾向を辿り、営業キャッシュフローも減少し、必要な設備投資もできないという「負のスパイラル」に入り込んでしまいます。

　筆者の経験則上、事業再生の対象となるホテル旅館のほとんどが、上記のパターンに当てはまります。特に規模の大きい旅館では、この負のスパイラルに入り込んでしまい、なかなか抜け出せなくなっているところが多く見受けられます。

②「経営管理」の傾向

　次に「経営管理」の評価が低いと業績も悪化する要因を見てみましょう。

　経営管理とは、経営目標を達成するために組織を効率的かつ効果的に運営していく取組全般のことを言います。ホテル旅館が保有している資源である人、物、金、ノウハウを活用して、最大収益を確保するための取組全般のことを指します。まさしく多くのスタッフ、大きな施設、日々大きな金額が動く大中旅館にとって必須の能力と言えます。

　例えば、客室数100室、年間売上高10億円の旅館であれば、80名〜90名程度のスタッフが在籍します。フロント、予約、営業、総務、経理、仲居、宴会係、内務、用度 ※、清掃など、部門も多岐にわたるため、スタッフの管理をするだけでも高度なマネジメントが必要になります。中でも継続的なサービスレベルの向上は絶対条件なので、常時顧客対応に関する教育を行う必要があります。スタッフも人ですから、悩みがあったり、人間関係に苦しんでいたり、様々な感情を抱えながら接客します。そうしたスタッフの状況も把握しながら、適宜サポートをする必要があるということです。

　スタッフのモチベーションを高める働きかけはもちろんですが、一方で労働時間をきちんと管理しないと人件費増に直結します。そうしたリスクを回避するためには、売上目標に応じたきめ細かいシフト管理を行う必要があります。例えば、非効率的なオペレーションを指示したため、全スタッフの労働時間が1時間無駄になったらどれだけの損

失になるでしょうか。1日あたりの出勤人数を40人、1時間あたりの人件費を1,500円とすると、その日だけで40名×1,500円＝60,000円の人件費を無駄にしたことになります。これが365日続いたらどうでしょうか。60,000円×365日＝21,900,000円と、年間で約22百万円もの人件費が無駄になってしまうのです。

　筆者の経験則上、歴史の長い大中規模旅館ほど、上記のような事例が多くみられます。理由は長い間に染みついた、誰も疑問に思わない非効率的な業務を延々と遂行しているからだと思われます。

　当然ですが、規模が大きくなればなるほど、わずかな人件費の管理ミスが経費に大きなマイナスインパクトを与えます。それは人件費の管理だけではありません。物、金、ノウハウなど、収益に対する経営管理のインパクトはきわめて大きく、そこが脆弱だと業績は一気に下がってしまうのです。

2）［事例］コロナ禍の大規模旅館 A の事業性評価

　ここではコロナ禍のさなかに事業性評価をした旅館の事例を取り上げ、前項1）で示した、ビフォーコロナの事例を中心とする標準的な評価結果と比較します。この比較によって、事業性評価結果のうちコロナ禍の影響を受ける部分と、コロナ禍の影響を受けない部分（旅館の真価をあらわす部分）を確認していきます。

　図表28は、ある大規模旅館（以下、旅館A）の実際の事業性評価の結果です。コロナ禍の影響で業績が悪化してから3期目に、弊社が再生支援に関わりました。

【図表28】［事例］アフターコロナの大中規模旅館 A

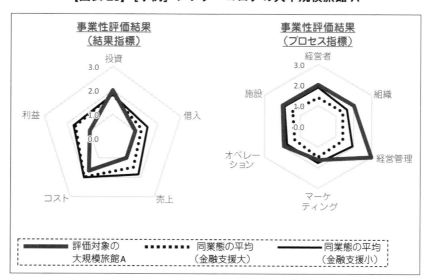

①事業再生に取り組むに至った経緯

　旅館Aは、客室数100室を超える、大きな宴会場を備えた、日本有数の観光地にある旅館です。バブル期に大規模投資を行って建物設備をさらに充実させ、団体客でにぎわいました。しかしバブル崩壊とともに売上が徐々に低下し、借入返済のリスケを重ねてきた経緯があります。

　バブル期の過剰債務が残っており厳しい業績が続いていましたが、地域を代表する旅館として施設の魅力を維持するため、バブル崩壊後も客室改装や大浴場の改修は怠りませんでした。同時にマルチタスク※化や外注業務の内製化などによる経費削減、経営管理の仕組みも強化しました。

　また、顧客のニーズが団体旅行から少人数の旅行にシフトしたことに対応するため、個人客のニーズに合わせた宿泊プランを造成し、OTA※経由の販売チャネルを強化しました。おもてなしのオペレーションも団体客向けから個人客向けに修正し、不慣れながらも食事の部屋出しにも対応するなど工夫を凝らしました。このきめ細やかなおもてなしに対する顧客からの評価は上々で、インターネット上の口コミ評価は目に見えて改善され、韓国を中心にアジアからの観光客も少しずつ増え始めました。

　こうした取組みの成果が業績に表れ始めたところに、突如新型コロナウイルス感染症に襲われたのです。売上は一気に大幅減となり、事業再生に取り組まざるを得なくなりました。

②アフターコロナの旅館Aの事業性評価結果

　図表28の財務データを見ると、結果指標の評価結果は、同業態の平均（ビフォーコロナの旅館を多く含む）に比べやはり低評価です。コロナ禍が影響しているのはもちろんですが、特に「売上」「利益」「借入」の評価が低くなっています。つまり、コロナ禍の影響により売上が大幅減となり利益を圧迫。さらにバブル期からの借入も返済できない、という状況です。

　一方、日々の経営活動のレベルを定性的に見るプロセス指標の評価結果は、同業態の平均（ビフォーコロナの旅館を多く含む）に負けていません。むしろ上回っています。この旅館Aはビフォーコロナの時期に改革に取り組んでいたので、特に「経営管理」や「組織」は強化されています。また、バブル崩壊以降も設備投資を怠らなかったので「施設」の評価も良いです。つまり、旅館Aの真価は、このプロセス指標の評価結果を見なければはかれないということです。コロナ禍の影響を除外したホテル旅館の真価は、このプロセス指標の評価結果にあらわれているのです。

　前項「1）大中規模旅館の標準的な事業性評価」で解説したとおり、大中規模の旅館の場合、プロセス指標の「施設」と「経営管理」の分野が真価に影響を与えるという特性があります。旅館Aの場合、まさにその2つの分野が強いことから、今はコロナ禍

の打撃を受けて厳しい状況にあるが、今後は業績を改善できるポテンシャルを秘めていると期待されます。このようにアフターコロナの正常収益力を見極めるには、評価結果を判断材料として活用することが欠かせないのです。

③アフターコロナの旅館Aの再生ストーリー

　旅館Aの再生に向けたストーリーは、きちんとした経営管理を発揮して固定費削減に取り組むとともに、コロナ禍で打撃を受けた売上の回復に注力することです。とはいえ、国内の旅行需要がどこまで戻るか不透明ですし、ビフォーコロナに増えていたアジアからのインバウンドの需要が完全に戻るには、まだ時間がかかりそうです。アフターコロナのホテル旅館の売上の回復には、やはり客単価を上げることが鍵となります。そのため強みである多彩な施設とおもてなしを生かして、高単価な宿泊プランを個人客に訴求するPRに取り組んでいるところです。旅館Aは、コロナ禍の打撃を受けていても、その真価を踏まえた適切な再生支援を受けながら、この難局を乗り切っていこうとしているわけです。

　なお、今回の事業再生に際して実施された金融支援はリスケでした。図表28の事業性評価結果のとおり、旅館Aの結果指標の評価結果は、債権買取や第二会社方式など大きな金融支援に至った事例の平均値を大きく下回っています。それにも関わらず比較的軽微な金融支援に留まったのは、旅館Aの正常収益力に対する期待の表れといえるでしょう。

2　小規模旅館の事業性評価

　本項では、前半の項「1）小規模旅館の標準的な事業性評価」で、小規模旅館の評価結果の傾向と業態の特性を解説します。そして後半の項「2）コロナ禍の小規模旅館Bの事業性評価」では、事業性評価結果のうちコロナ禍の影響を受ける部分と、コロナ禍の影響を受けない部分（旅館の真価をあらわす部分）を、実例を使って示していきます。

1）小規模旅館の標準的な事業性評価

　ここでは、弊社が実際に再生支援に関わった旅館のうち、小規模の旅館（客室30室未満）21社の分析結果を使って解説します。この21社の平均評価を「標準的な評価結果」として扱います。なお、この21社のうちコロナ禍の影響を受けた旅館が数社含まれますが、ビフォーコロナの旅館が中心となっています。

【図表29】小規模の旅館（客室30未満）の事業性評価結果の傾向

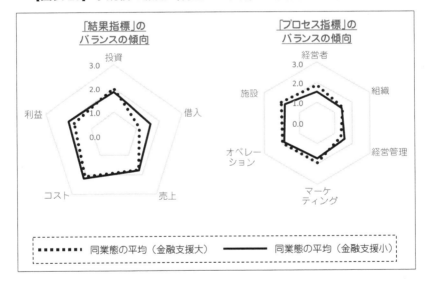

　まず、結果指標の評価結果の傾向を見てみましょう。

　当然ながら「借入」の評価が低い旅館の金融支援は大きくなる傾向にあります。しかし、他の分野では結果指標の評価結果と金融支援の程度に相関はなさそうです。つまり、小規模旅館の場合、過去の業績だけを見て何らかの金融支援をしているわけではないと考えられます。筆者の経験にかんがみると、小規模の旅館は経営基盤が脆弱なところが多く、金融機関にしてみれば単に経済合理性だけで判断することができないからだと思

われます。経営には情と理があると言われますが、小規模旅館の場合は「どちらかというと情が判断を左右する」というということ。換言すれば、小規模旅館の方が、大中規模の旅館より事業の将来性を見据えるのは難しいといえると思います。

　特に老舗旅館として地域に根ざし、その温泉地におけるシンボル的な旅館である場合は、債権カットなど抜本的な金融支援をしてでも事業の継続を図ろうとする傾向が強いようです。また、昔から地域金融機関との関係性が良好で、金融機関としてもなんとか地域に残したいという動機が働く場合も、抜本的な金融支援に結びつくことがあります。このように経済合理性とは別の要因で金融支援の大小が決まる点が、小規模旅館の特性と言えます。

　一方、プロセス指標の評価結果の傾向ですが、小規模旅館の場合、レーダーチャートの六角形が大中規模の旅館の六角形に比べると少し崩れます。「組織」と「経営管理」の分野の評価が若干低く、六角形の右側が小さくなる傾向があるためです。それぞれどのような理由があるのか見ていきましょう。

①「組織」の傾向

　小規模旅館の経営は、一言で言うと家族経営です。本人が社長で、奥様が女将、父が会長、母が大女将、息子が専務というように、家族総出で経営に当たっています。こうした家族経営において問題になるのは、組織運営において感情が先に立ってしまうことです。

　例えば、先代の社長である会長と現社長の2人がそろって自我が強い場合はどうでしょうか。この場合、船頭が2人いるのと同じなので、スタッフはどちらを向いてついて行けば良いのか分からなくなります。例えば、スタッフの職歴が総じて長く、会長にお世話になった経験を持っている人が多い場合は、表向き社長の指示に従っているように見えて、実は会長の言うことを信頼し、無意識に従っているケースがよくあります。そうなると、たとえ社長が経営改善に取り組みたいと考えていても、自然とスタッフの心にブレーキが掛かり、速やかな改善に結びつけることはできません。

　また、社長と女将の力関係も経営に大きな影響を与えます。社長にリーダーシップがあり、目標に向かってスタッフを巻き込んでいける場合は、女将は現場をしっかりサポートする役割を演じることになります。逆に、女将の方が顧客や関係者に対するパフォーマンスが上手な場合は、社長は裏方に徹し、経理や総務、施設管理、渉外活動に専念することになります。

　このように大きく分けると2つのパターンがありますが、いずれの場合も「社長は経営全般、女将はおもてなしや現場のオペレーション管理」という基本的な役割があります。その強さによって、立ち位置が変わるわけです。つまり、社長の力が強ければ前者のスタイルに、女将の方が強ければ後者のスタイルになるわけです。いずれにしても、

この力関係が明確でバランスが取れていれば問題ありません。問題が生じるのは、両者がうまくかみ合っていない場合です。

　例えば、リーダーシップの強い社長は、他所で見聞きしたことに刺激を受けると、「どこそこでこんなサービスがあった、うちでもやってみよう」と女将やスタッフに働きかけます。もちろん「中長期的に見て有効なサービスか」を検討したうえでの提案であれば良いのですが、往々にして思いつきでアイデアを出しているパターンが見受けられます。それでも女将としては社長の言うことなので、その方針を現場に伝え実行するよう促します。しかし、今まで提供していないサービスを始めるわけですから、どうしても時間がかかります。最悪なのは、その時間を無視して、さらに違うサービスを提供しようとするケースです。そうなると中途半端で浸透しないサービスだけがドンドン溜まっていき、結果的にどのようなおもてなしを提供する宿なのか分からなくなってしまうのです。

　もう1つ、社長と女将の力関係がうまくかみ合わない例を紹介しましょう。女将は、顧客へのきめ細かいサービスを提供するべく日々現場を束ねて頑張っています。そんな女将の頑張りが顧客の共感を呼び評判も上々です。一方、社長はエージェント※との付き合いや他の旅館の経営者との付き合いが中心で、ほとんど外出しています。

　このような旅館の場合、社長本人は分かっているつもりでも、ほとんどの社長は現場を分かっていません。例えば、「どのような顧客が利用し、何に喜んでもらっているのか」といったマネジメントにきわめて重要な事項について、ほとんど分かっていません。そんな社長ですから、旅館の将来を見据えた方針を女将やスタッフに提示することができるわけがありません。せっかく日々のおもてなしで好感を得ているのに、計画的な設備投資を行うことはできないし、営業戦略も曖昧なまま。これでは売上を伸ばすどころか、かえって低下させてしまうだけです。

　こうした事例は家族経営の旅館によく見られます。組織運営は稚拙で感情中心、経営も近視眼的になりがちなので、継続的に売上を維持向上させることが難しくなってしまうのです。

②「経営管理」の傾向

　小規模旅館の場合、家族中心の経営なのでどうしても身内が分かれば良いという管理になりがちです。例えば、いまだにパソコンを使用せず、手書きの帳票を中心に管理するといった前近代的な運営を行っている旅館も少なくありません。また、パソコンを導入してはいるものの、単に旅館システムに顧客情報を入力し、会計しているだけといったところも多く見受けられます。

　そんな状況でも、月次の試算表だけは一月ないし二月かけて作成しているので、何とか業績の動向は読み取れます。しかし、タイムリーに売上や原価、人件費などが分かる

かというと、そうはなっていません。そもそも予実管理どころか毎期の経営計画を立てていないので、計画に比べて良いのか悪いのかを比較する対象がありません。毎年、年度末近くになって初めて儲かったのか、それとも儲からなかったのかが分かる程度です。

　これでは、経営者が主体的に経営する体制にはほど遠く、マネジメント機能であるPDCA※を回すことなど到底できないので、外部環境の変化に対応することはできません。その結果、従前通りの家族で提供できるおもてなしに終始することとなり、業績は低め安定もしくは低下していくことになるのです。

2）［事例］コロナ禍の小規模旅館 B の事業性評価

　ここではコロナ禍のさなかに事業性評価をした旅館の事例を取り上げ、前項1）で示したビフォーコロナの事例を中心とする標準的な評価結果と比較します。この比較によって、事業性評価結果のうちコロナ禍の影響を受ける部分と、コロナ禍の影響を受けない部分（旅館の真価をあらわす部分）を確認していきます。

　図表30は、ある小規模旅館（以下、旅館B）の実際の事業性評価の結果です。コロナ禍の影響で業績が悪化してから3期目に、弊社が再生支援に関わりました。

【図表30】［事例］アフターコロナの小規模旅館 B

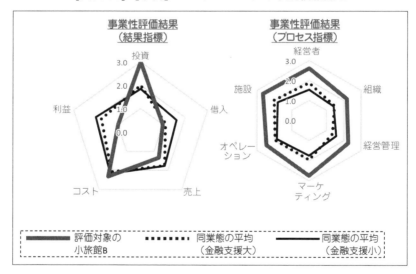

①事業再生に取り組むに至った経緯

　旅館Bは、大自然に囲まれた温泉地にある、個人・団体のお客様に長年愛されてきた旅館です。大きな設備投資をして間もなくバブル経済が崩壊したため、厳しい財務状況に陥ってしまいました。その後も長い間、低空飛行の業績が続いたため、資金繰りは

厳しいままでした。

　そんな旅館Bが、あるときを境に収益改善に向けて精力的な改革に取り組み始めました。まず売上向上策として、個人客を主なターゲットに据え、和室をモダンなつくりに改修するとともに、自社ホームページやOTA※経由の販売を強化しました。また、食材原価のコントロールや旅館システム導入による業務効率化など、経費削減にも取り組みました。他にもタイムリーに宿泊価格をコントロールする仕組みを構築したり、部門長を中心とした人材教育・育成に取り組んだりなど、幅広い改革に精力的に取り組んだ結果、旅館Bはおもてなしや料理といったソフト面と、館内施設や客室といったハード面の両面で評価を上げ、何度も利用してくれる固定客を着実に獲得していったのです。

　そんな改革の成果が業績に現れはじめた矢先にコロナ禍に見舞われ、業績はたちまち大きく悪化してしまいました。結局、旅館Bは従前からの過剰債務の影響もあり事業の継続と改革の続行に制約が生じてしまい、金融債権者に対して金融支援を要請する必要に迫られたのです。

②アフターコロナの旅館Bの事業性評価結果

　図表30の財務データを見ると、結果指標の評価結果は、コロナ禍の影響で「売上」「借入」「利益」が特に低評価となっています。ただし「投資」については、設備投資を含む改革に取り組んでいたことから高評価です。

　一方、日々の経営活動のレベルを定性的に見るプロセス指標の評価結果は非常に高い評価となっています。コロナ禍によって業績は落ち込んでいても、旅館Bがこれまで進めてきた改革によって、経営活動のレベルは非常に高い水準にあることが見て取れます。アフターコロナの正常収益力を見極めるには、この評価結果を判断材料として活用することが重要です。

③アフターコロナの旅館Bの再生ストーリー

　高い正常収益力が認められた旅館Bの再生に向けたストーリーは、金融支援を受けながらこれまでの改革を続行し、ソフト面とハード面の競争力にさらに磨きをかけることです。つまり「この温泉地といえばこの旅館」と言われるような評判の宿を目指し、確固たるブランドを確立することです。

　旅館Bはこれまでにバブル崩壊や災害、新型コロナウイルス感染症など、様々な外部環境の変化に翻弄されてきました。その経験から、多少のことでは揺るがない安定的な収益力の大切さを痛感しています。競争力に磨きをかけて確固たるブランドを確立し、地域の観光入込客数の影響を受けにくい「選ばれる宿」となることで、安定的に収益を確保できる宿に進化しようとしているわけです。

3 ビジネスホテルの事業性評価

　本項では、前半の項「1）ビジネスホテルの標準的な事業性評価」で、ビジネスホテルの評価結果の傾向と業態の特性を解説します。そして後半の項「2）コロナ禍のビジネスホテルCの事業性評価」では、事業性評価結果のうちコロナ禍の影響を受ける部分と、コロナ禍の影響を受けない部分（ホテルの真価をあらわす部分）を、実例を使って示していきます。

1）ビジネスホテルの標準的な事業性評価

　ここでは、弊社が実際に再生支援に関わったホテルのうち、ビジネスホテル10社の分析結果を使って解説します。この10社の平均評価を「標準的な評価結果」として扱います。なお、この10社のうちコロナ禍の影響を受けたホテルが数社ありますが、ビフォーコロナのホテルが中心となっています。

【図表31】 ビジネスホテルの事業性評価結果の傾向

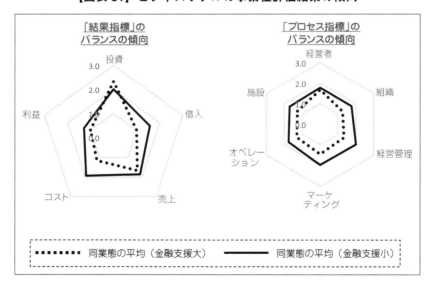

　結果指標の評価結果の傾向を見ると、5つの評価分野のうち「コスト」と「利益」の評価が低いホテルほど金融支援が大きくなる傾向があります。その一方で「売上」の評価結果とは相関がなさそうです。このことから「コストコントロールの仕組みがあるかどうか」「その仕組みが機能しているかどうか」が評価のポイントになると考えられます。

　一方、プロセス指標の評価結果の傾向を見ると、「経営管理」の評価が低いほど金融支援が大きくなっています。つまり、「コスト」と「利益」、それに「経営管理」といった分野から、主にコストに関する経営管理の巧拙が業績に大きく影響を与えることが見て取れます。

①業績を左右する要因

　ビジネスホテルには、立地によって売上が左右されるという事業特性があります。例えば、駅近のビジネスホテルであれば、一定以上の売上を見込むことができます。もちろん理由は、ビジネスホテルにおける顧客ニーズの優先事項は利便性だからです。つまり、コンビニエンスストアと同様に「すぐに見つかり、すぐに利用でき、すぐに欲しいものが手に入る」といったニーズがビジネスホテルでは重要視されるのです。

　次に重要なのは、ハード面での利便性です。ハードに対する顧客の要求は日々高くなっています。例えば、「20㎡以上の広さがある」「ライティングデスクが使いやすく広い」「バゲッジスペースが十分にあり、中の荷物を出しやすい」「トイレとバスがセパレートで清潔さに溢れている」「空気清浄機が常備されている」といった機能が整備されていれば、顧客から選ばれやすくなります。さらに最近は、「スマートフォンの充電ができるコンセントがベッドのすぐ脇にある」「スマートフォンを活用してホテルや周辺の情報を得やすい」「スマートフォンから様々なオーダーができる」といったスマートフォン関連のサービスが充実しているビジネスホテルが選択されやすくなっています。

　ただし立地は途中で変えることはできません。それだけにホテル開発フェーズにおいて立地は非常に重要な要素と言えます。ハード面についても、当初の開発計画時点である程度決まってしまうため、一度作ってしまえば他のビジネスホテルとの差別化を図るのが難しくなります。例えば、資金力のあるホテルチェーンが駅近などの好立地に上記のハードを揃えたビジネスホテルを建設すれば、そのホテルより優位に立つのが難しくなります。

　このように、ビジネスホテルの売上は立地とハード面によって決まると言っても過言ではありません。もちろん、同じような立地で、かつグレード感が同程度のホテル同士は、イールドマネジメント※を駆使しながら収益の最大化を目指し日々激しい競争をしています。その際、どうしても売上という指標に目が向きがちになるので、どのビジネスホテルも売上に関してはよく管理しているという事情もあります。

　したがって、ビジネスホテルの業績を左右する要因は、売上の大小よりも「コストコントロールの仕組みがあるかどうか」「その仕組みが機能しているかどうか」なのです。そして、それが金融支援の程度にも影響を与えるのです。

②コストコントロールの傾向

　ビジネスホテルは、他の業態に比べると比較的オペレーションは簡易です。朝食付も

ありますが、宿泊サービスが中心のためです。そのため主に人件費および外注費（客室清掃）、水道光熱費、送客手数料が経費となります。

　まず人件費ですが、季節によって繁閑の差が少ないビジネスホテルはスタッフのシフト組も固定化しやすい傾向にあります。人件費の中心は支配人とフロントスタッフ、営業など間接部門のスタッフで、そのうちフロントスタッフと間接部門スタッフは、売上によらずほぼ固定シフトになります。ただし、毎日客室稼働率が100％ということはありえないので、客室稼働率や団体と個人の比率によってきめ細かくシフトを変える必要があります。たった一人でも余分に配置してしまうと、一日あたり1.5万円〜2万円ほど人件費を無駄にすることになるからです。コストコントロールの仕組みがないビジネスホテルの多くが、こうした客室稼働率に応じたシフトを組んでいないため、結果的に余剰人員で対応することとなり、人件費が高止まりしてしまうのです。

　外注費は主に客室清掃にかかる経費で、そのほとんどが最低保障付きの稼働客室数に応じた費用になっています。そのため契約時に設定した単価などが高ければ別ですが、基本的に稼働量に応じて変動するので、外注費が原因で経費が膨らみ利益を圧迫することはありません。気をつけなければいけないのは、客室清掃を内製化している場合です。この場合は、客室稼働率に応じて客室清掃スタッフのシフトをきめ細かく組まないと、すぐに高止まりしてしまいます。一般的に外注する際の清掃単価よりも内製化した方が安価になりますが、その分シフト管理が難しくなるわけです。

　水道光熱費はほぼ固定費ですが、「使用量が多くなっていないか」「単価は上がっていないか」を毎月チェックすることが重要です。単価が上がってしまうのは外部要因のため仕方ないとしても、使用量は管理できます。宿泊客1人あたりの使用量を毎月チェックし、もし増えているようなら「使用していない客室で空調や照明がつきっぱなしになっていないか」「バスや洗面台、トイレで水漏れがないか」などを見る必要があります。こうした仕組みがないと、すぐに固定費増加につながり利益を圧迫しかねないので、十分注意してください。そもそも経営者の中には、最初から固定費だと割り切りあまり見ていない人が案外多いものです。

　最後に送客手数料ですが、一般にビジネスホテルの場合は、OTA※の活用が中心なので、大中規模の旅館に比べて送客手数料の売上比率は低い傾向にあります。ちなみに大手リアルエージェント※や総合案内所※からの送客手数料は18％〜20％ですが、OTAは8％〜10％程度と廉価です。ただし、団体客を取らざるを得ない大箱のビジネスホテルの場合は、大手リアルエージェントや総合案内所からの送客に依存することも多く、その結果、送客手数料が上がってしまいます。一方、リピート客を多く抱えているビジネスホテルは手数料がかからないため、送客手数料は低くなります。

　全て直客という訳にはいきませんが、この比率を高めることが重要です。一般に

OTA やリアルエージェント中心のビジネスホテルは、顧客をリピート客にする取り組みが遅れがちなので、どうしても送客手数料が高止まりしてしまいます。つまり、リピート化する仕組みがないビジネスホテルは、必然的に利益を圧迫することになるのです。

2）［事例］コロナ禍のビジネスホテル C の事業性評価

ここではコロナ禍のさなかに事業性評価をしたビジネスホテルの事例を取り上げ、前項１）で示した、ビフォーコロナの事例を中心とする標準的な評価結果と比較します。この比較によって、事業性評価結果のうちコロナ禍の影響を受ける部分と、コロナ禍の影響を受けない部分（ホテルの真価をあらわす部分）を確認していきます。

図表 32 は、あるビジネスホテル（以下、ホテル C）の実際の事業性評価の結果です。コロナ禍の影響で業績が悪化してから３期目に、弊社が再生支援に関わりました。

【図表 32】［事例］アフターコロナのビジネスホテル C

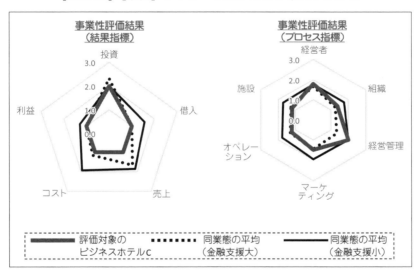

①事業再生に取り組むに至った経緯

ホテル C は、およそ 20 年前に地方都市の駅前に新設された、100 室規模の大きなビジネスホテルです。レストランや大浴場もありますが、あまり利用されていません。好立地で交通の利便性の良い、安く泊まれる宿泊特化型ホテルとして、主にビジネスマンに利用されてきました。

ホテル C の周辺エリアは競争の激しいエリアです。昔から近隣に似たような複数のビジネスホテルがあり、新しいビジネスホテルも次々に開業しています。そんな競争環境にありますが、ホテル C には立地の良さ以外に特筆すべき要素がありません。その

ため周辺の競合ホテルに比べ、稼働率は常にやや低い水準にありました。好立地とはいえ、大箱ゆえ客室を埋めるにはそれなりの営業努力が必要なのに、立地と景気にまかせた成り行きの経営を続けていたわけです。それでも経営管理については最低限の取り組みが出来ていたことと、ビフォーコロナの時期の好況に支えられていたことから、固定費をまかなうことはできていました。

　債務については、大箱ゆえに開業当時の設備投資が大きく、売上に対して過大な債務を抱えていたものの、少しずつですが返済を続けていました。客室を埋める努力に改善の余地はあるものの、営業キャッシュフローは獲得できていたので、事業の存続に支障をきたすような問題はありませんでした。

　しかし、2020年に新型コロナウイルスの感染が拡大すると、ホテルCはたちまち壊滅的な打撃を受けました。ビジネスホテルはホテル旅館の中でも特に大きな打撃を受けた業態であり、ホテルCの売上はビフォーコロナの8割減まで落ち込みました。元々資金繰りに余裕があったわけではないので、ここまで売上が落ち込むと実質的な破綻状態となり、金融機関や関係者からの借り入れでどうにか資金繰りを維持するしかなくなってしまいました。

②アフターコロナのビジネスホテルCの事業性評価結果

　図表32の事業性評価結果を見ると、財務データで見る結果指標は、コロナ禍で業績に壊滅的な打撃を受けただけあって「投資」を除く4項目全てにおいて最低評価です。

　日々の経営活動のレベルを定性的に見るプロセス指標の評価結果も全般的に低めですが、同業態の平均（金融支援大）に比べると悪くありません。特に「経営管理」の評価は大きく上回っています。前項「1）ビジネスホテルの標準的な事業性評価」で解説したとおり、ビジネスホテルの場合、主にコストに関する経営管理の巧拙が業績に大きな影響を与えます。つまり、ホテルCはビジネスホテルにとって一番重要な経営管理に一定の力があるので、再生の可能性があると判断されます。このようにアフターコロナの正常収益力を見極めるには、プロセス指標の評価結果が重要な判断材料になるのです。

③アフターコロナのビジネスホテルCの再生ストーリー

　ホテルCは、過剰債務の状況にあった借入金の一部について債務免除を要請するとともに、スポンサーからの資金調達と役員派遣を受け入れることで、アフターコロナの再生に向けてスタートを切りました。事業についても、コストをコントロールしながら売上の大幅増に向けた改革に着手することになりました。

　もちろん経営管理に取り組むのが大前提ですが、コストコントロールだけでは収支が成り立たないので売上増に向けた施策が必要です。しかし、売上の落ち込みがあまりにも激しく、これまでの延長線上の販売促進策で事態を打開することはできませんので、思い切った改革が求められました。検討を重ねた結果、ホテルCは宿泊特化型ホテル

から地域密着型のライフスタイルホテルへ脱却するという改革に挑戦することになりました。あまり使われていなかったレストランや大浴場を改良し、ホテルでの滞在時間を豊かにするリニューアルを実施することにしたのです。近隣に数多くひしめく宿泊特化型ホテルと差別化して競争を回避し、滞在そのものを楽しむ多機能なホテルへ業態転換を図ろうというわけです。これまでの顧客層であったビジネスマンだけでなく、友人同士の少人数グループなど新しい顧客層の取り込みも図ります。

　この改革を成功に導く鍵となるのが、経営管理の取り組みです。ホテル C は、施策の効果をきちんとモニタリングして PDCA を回す経営管理を巧みに行うことで、再生計画の達成を目指しています。

4 シティホテル・リゾートホテルの事業性評価

本項では、前半の項「1）シティホテル・リゾートホテルの標準的な事業性評価」で、シティホテル・リゾートホテルの評価結果の傾向と業態の特性を解説します。そして後半の項「2）コロナ禍のリゾートホテルＤの事業性評価」では、事業性評価結果のうちコロナ禍の影響を受ける部分と、コロナ禍の影響を受けない部分（ホテルの真価をあらわす部分）を、実例を使って示していきます。

1) シティホテル・リゾートホテルの標準的な事業性評価

ここでは、弊社が実際に再生支援に関わったホテルのうち、シティホテルおよびリゾートホテル 10 社の分析結果を使って解説します。この 10 社の平均評価を「標準的な評価結果」として扱います。なお、この 10 社のうちコロナ禍の影響を受けたホテルが数社ありますが、ビフォーコロナのホテルが中心となっています。

【図表 33】 シティホテル・リゾートホテルの事業性評価結果の傾向

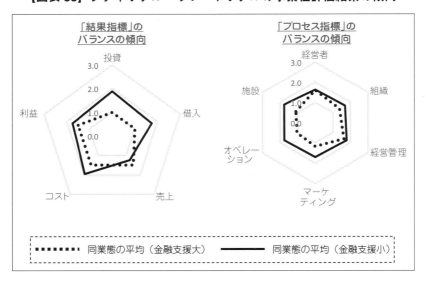

シティホテル・リゾートホテルの事業性評価結果から浮き彫りになるのは、設備投資の問題です。結果指標の評価結果から「投資」の分野の評価が低いホテルほど金融支援が大きくなっているのが見て取れます。また、プロセス指標の評価結果でも「施設」の分野の評価が低いホテルほど金融支援が大きくなっています。つまり、毎期 2 ％程度の設備投資を実行することができず、かつ 10 年スパンでも大規模な設備投資もできない

状況にあるシティホテル・リゾートホテルが業績を悪化させているわけです。

　具体的な傾向とその要因について、シティホテルから見ていきましょう。シティホテルは宿泊だけでなく、レストラン、宴会、婚礼、会議・研修、軽い打ち合わせなど、多種多様な目的で利用されるきわめてパブリック性の高いホテルです。しかも利用ニーズが日常使いから非日常使いまで多岐にわたるため、昼夜を問わず大勢の顧客が自由に出入りします。

　問題は、時とともに顧客のニーズが変化し、しかも、そのスピードが以前と比べて格段に速くなっていることです。シティホテルはそのパブリック性の強さから、顧客の嗜好やニーズの変化に敏感に対応していく必要があるため、ホテルとしての基本機能を維持するための計画的な設備投資はもちろん、10年スパンの大規模な設備投資も必要不可欠と言えます。さらに近年は10年では遅いくらいで、5年～10年未満で大規模な設備投資が必要になってきています。

　リゾートホテルも同様です。リゾートホテルは非日常ですから特に、顧客の嗜好の変化や流行に対応していかなければ飽きられてしまいます。空調が効かない、水回りが老朽化しているなどはもってのほかです。せっかく日常を忘れたいと思ってリゾートに来ているのに、基本機能が劣化していてはリゾート気分も台無しです。そうしたリスクを避けるためにも、シティホテルと同様に計画的な設備投資と5年～10年未満での大規模な設備投資は必要不可欠と言えます。

①設備投資の傾向

　シティホテルにしてもリゾートホテルにしても、この設備投資が十分に出来ていないホテルが多く見られます。プロセス指標の評価結果において「マーケティング」や「オペレーション」の分野に問題があるホテルは、概してGOP※が低く（この要因は後述します）、GOPが低くなると営業キャッシュフローが少なくなります。しかも、シティホテルとリゾートホテルは投資が大規模かつ高頻度になりがちなので、自己資金で賄いきれないものは借入で賄うため自然と借入が増える傾向にあります。きちんと営業キャッシュフローが稼げていれば問題ありませんが、そうでなければ返済原資が不足し、結果的にいつまでも過剰債務が残ったままになってしまうわけです。

　このような状況に陥ったホテルに新規融資をする金融機関はなかなかありません。当然、資金調達が出来なければ設備投資を行うことはできないので施設の老朽化が進みます。そして、いつの間にか時代遅れの施設となり利用客に飽きられてしまうのです。こうなると客数の減少だけでなく、顧客の事前期待に応えきれないことから客単価も下がるため売上も減少してしまうのです。

②ホテルコンセプトの重要性

　プロセス指標の評価結果の傾向を見ると、これまで述べてきた「施設」だけでなく

「マーケティング」と「オペレーション」の分野にも、評価が低いと金融支援が大きくなる傾向が見て取れます。

　前述したとおり、ホテル旅館のマーケティングのセオリーは「ターゲットを明確にしてターゲットのニーズに合ったサービスを提供していく」ことです。しかし、シティホテル・リゾートホテルの場合は、そう簡単ではありません。多種多様な顧客のニーズ・利用目的に対応するべく、様々な部門でサービスを提供しているからです。つまり、明確に絞りきれないターゲットに対して様々なサービスを提供しているため、なかなか的を絞ったマーケティングをしにくいという特性があります。

　そうした特性がある中で、部門を横断する具体的なターゲットイメージがあり、そのターゲットに対して「どのように売っていくのか」(マーケティング)、「何を提供するか」(オペレーション・施設)に一貫性があるホテルは、顧客の目を引き、集客力を高めることができます。そして、一貫性のあるサービスを楽しめるため顧客満足度は上がり、リピート率は上昇します。また、口コミによる評判も上がるため売上は増加していきます。

　こうしたターゲットからマーケティングやオペレーション・施設に通じる一貫した軸がホテルコンセプトです。つまり、「顧客にどのような時間をホテルで過ごしてもらえるかを明確にしたもの」がホテルコンセプトであり、ホテルコンセプトが明確であればあるほど、持続的に収益を上げることができるのです。

　シティホテル・リゾートホテルは、様々な部門があるため、どうしても部分最適になりがちです。ホテル全体としてのコンセプトを顧みずに営業活動をしたり、新サービスを始めたりするのが、その典型例です。また、リノベーションもコンセプトを無視して、デザイナーなどの意向を強く反映させた結果、顧客から見てちぐはぐな感じをあたえてしまうことも多く見られます。こうした場当たり的な対応がホテルとしての訴求力を下げ、顧客満足度の低下につながるのです。

③競争戦略の重要性

　他の業態と比較して部門が多いシティホテル・リゾートホテルの場合、1泊2食が中心の旅館業とはまったく異なるマーケティングノウハウが必要です。

　例えば、宿泊部門であれば単に宿泊するだけであればビジネスホテルと競合します。この場合は、「イールドマネジメント※を最大限活用してRev.PAR※の最大化を図る」というビジネスホテルのマーケティングを活用することになります。しかし、実際には婚礼に伴った宿泊や会議・研修に伴う宿泊など、他部門の利用者が宿泊するシーンも少なくありません。このように宿泊部門一つとっても、顧客の利用目的や動機が様々なので、それだけマーケティング活動も複雑になるわけです。

　シティホテル・リゾートホテルは、同じ業態のホテルとの戦いだけでなく、例えば料

飲部門や宴会部門は街場※のレストラン、婚礼部門は婚礼専門企業とも戦っていかなければなりません。様々な顧客のニーズに応えようとすると、それだけ敵も増えるということです。

　このようにシティホテル・リゾートホテルの場合は、「ターゲットを設定して、そのターゲットに対して売り物を決め、売り方を工夫して売っていく」というマーケティングの基本だけでは、十分に売上を上げることはできません。他の同業態のホテルや他業種とも戦いながら売上を上げていかなければならないからです。そうしたときに求められるノウハウが、競争戦略の考え方です。戦いに勝つためには、逆説的ですが「他の競合と戦わずして如何にして勝つか」という視点、つまりホテルコンセプトにも通じますが、自社が保有するコア・コンピタンスを活用しながら、競争を回避するポジションを取ることが重要なのです。

　シティホテル・リゾートホテルの場合、マーケティング以前に競争戦略をきちんと策定することが重要なのですが、実際にはこうした戦略を持っているホテルは少ないのが現状です。各部門がばらばらにプランを造成し、従前の販売チャネルに乗せて販売している、あるいは営業部隊を使って人的営業に注力しているシティホテル・リゾートホテルがほとんどです。もちろんこれまでのマーケティング活動は重要ですが、これだけ顧客のニーズが多様化し競合ホテルが増えている現状にかんがみれば、従前のマーケティング活動だけで売上を上げるのは明らかに困難です。

④一貫性のあるオペレーションの重要性

　これまで述べたようにシティホテル・リゾートホテルは様々な顧客のニーズに対応するため、様々な部門において多種多様なサービスを提供しています。そのため、人員配置は重厚長大になりがちです。一人一人異なるニーズに対応するために、どうしても対応するスタッフ数が増えるのはやむを得ないところです。現場スタッフは「良いサービスを提供するにはスタッフが必要だ」と訴えるし、経営者も「良いサービスを提供すれば、顧客に喜ばれ、結果的に売上につながる」と考えるからです。つまり、それぞれ思いは違いますが、結果として人員配置は重厚になり、シフト組みも甘くなってしまうわけです。しかも、部門が多いので、当然人件費は膨らみがちです。特にその傾向が顕著に出るのが料飲部門と宴会部門です。

　また、シティホテル・リゾートホテルには、「高級なサービスや料理を提供している」という自負があります。かつて、喜ばれた美味しい料理、格式あるサービスなどがそれです。それらが継続的に価値を提供し続けており、顧客からの評価も上々であれば問題ありませんが、客観的に見て自己満足に陥っている例は枚挙にいとまがありません。「顧客に喜ばれるためには、これまで大切にしてきたサービスポリシーや特製料理のレシピを変えることは許されない」という暗黙の了解が邪魔をしているのです。外部から

のチェック機能やアンケート、日々の接遇から顧客ニーズの変化を感じることが重要なのに、それすら許さない暗黙の何かがあるからです。そのため今となっては古くさい、旧態依然としたサービスや料理を提供し続けてしまうわけです。もちろんコアなリピーターはそれに満足感を覚えるのでしょうが、新規顧客を開拓することはできないので、必然的に売上は減少傾向をたどることになるのです。

　なお、施設の問題は、設備投資の問題と同様です。顧客ニーズの変化に対応するために必要な投資が出来ていないホテルは、当然施設の評価も低くなりがちです。また、投資計画に一貫性がないのも問題です。例えば、ロビーは立派だが客室が狭くてチープ、いくつかあるホテル棟のコンセプトがばらばらで統一感がないといったことが違和感を与え、顧客満足度を下げてしまいます。当然、口コミ評価も下がるため、新規顧客開拓は難しく、必然的に売上は減少傾向をたどることになるのです。

2）[事例] コロナ禍のリゾートホテル D の事業性評価

　ここではコロナ禍のさなかに事業性評価を行ったリゾートホテルの事例を取り上げ、前項1）で示した、ビフォーコロナの事例を中心とする標準的な評価結果と比較します。この比較によって、事業性評価結果のうちコロナ禍の影響を受ける部分と、コロナ禍の影響を受けない部分（ホテルの真価をあらわす部分）を確認していきます。

　図表34は、あるリゾートホテル（以下、ホテルD）の実際の事業性評価の結果です。コロナ禍の影響で業績が悪化した次の年に、弊社が再生支援に関わりました。

【図表 34】[事例] アフターコロナのリゾートホテル D

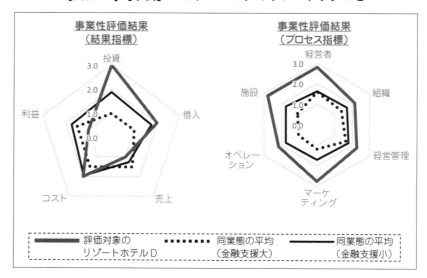

①事業再生に取り組むに至った経緯

ホテル D は、歴史ある 100 室規模のリゾートホテルです。雄大な自然の景勝地や歴史的背景のある建築物など数々の観光資源に恵まれた観光地にあり、高度経済成長期からバブル期にかけては団体旅行のお客様で賑わいました。そうした団体客の需要に応えるためホテル D は宴会場を増設するなど、積極的に設備投資をしてきました。

その後、バブル崩壊後から国内旅行のニーズが団体旅行から少人数旅行に変わっていったことを受け、ホテル D も個人客中心のホテルに変わるための改革に挑戦しました。改革は試行錯誤の連続で、過渡期には客室を埋められない時期もありましたが、少しずつ客単価の引き上げと個人客の取り込みに成功していったのです。具体的には、まずターゲットを明確にして、サービスや宿泊プランに特徴を持たせました。また、施設面ではリゾートホテルの顔であるロビーを一新するとともに、客室の水回りや空調を改善しました。

そうやって時間をかけて、ようやくエリア内で存在感のあるリゾートホテルになってきたところに、新型コロナウイルス感染症に襲われてしまったのです。当然、改革によって向上していた売上はたちまち半減してしまいました。

②アフターコロナのリゾートホテル D の事業性評価結果

図表 34 の事業性評価結果は、コロナ禍の影響を受け始めた年の状況で評価した結果です。財務データで見る結果指標の評価結果は、コロナ禍の影響で「売上」「利益」が低評価となっています。一方、設備投資はまだ平常時のペースで実施されていたことから「投資」は高評価です。いずれにしてもレーダーチャートの形のいびつさから、その 1 年間にいかに激しい環境変化にさらされたのかが見て取れます。

日々の経営活動のレベルを定性的に見るプロセス指標の評価結果は高評価です。つまり、コロナ禍の直前まで長い時間をかけて改革に取り組み、その成果がようやく表れ始めたところだったのです。であれば、今の業績の落ち込みはコロナ禍による需要の消失によるものであり、ホテル経営の潜在能力は高い水準にあるのは間違いなさそうです。コロナ禍の影響を除外したホテル D の真価をはかるには、このプロセス指標の評価結果が重要なのです。

ホテル D のプロセス指標の評価結果の特徴は、「施設」「マーケティング」分野の評価が高いことです。前項「1）シティホテル・リゾートホテルの標準的な事業性評価」で解説したとおり、「施設」の良否と「マーケティング」の巧拙はリゾートホテルの業績に大きく影響します。様々な部門を持つリゾートホテルのマーケティングにおいては、部門を横断してホテル全体で一貫性あるターゲットイメージがあることが重要だからです。具体的には、まずターゲットに訴求できる明確なホテルコンセプトを設定し、そのコンセプトを軸に施設を整え、宿泊プランを造成し、サービスを工夫するという流れに

なります。

　ホテルＤは、ビフォーコロナの改革においてまさにそれに取り組んでいたところでした。ホテルＤには、リゾートホテルにとって重要な「施設」と「マーケティング」における強みがあります。これが、ホテルＤがアフターコロナを生き抜く力の源泉であり、アフターコロナの正常収益力を見極めるには、この評価結果が重要な判断材料になるのです。

③アフターコロナのリゾートホテルＤの再生ストーリー

　ホテルＤは、ビフォーコロナにおいて成果のあった改革にさらに磨きをかけ、それを推し進めていくことで、アフターコロナを生き抜こうとしています。具体的には、以前の改革をそのまま推し進めるのではなく、縮小する宿泊需要を見込んでより多くの潜在顧客に訴求するよう商圏を拡大することや、商品力を高めて客単価をさらに引き上げることなどに取り組んでいます。

　もちろんコロナ禍の影響が長引く現状にかんがみれば、半減した売上を回復させ収益力を取り戻すのには少し時間がかかるかもしれません。それでも取引金融機関からの新規融資や、プレ再生計画で合意した現時点のフリーキャッシュフローの範囲内での返済におさえるリスケジュールなどの金融支援を受けることで、必ず再生できると考えています。

第7章
アフターコロナの正常収益力の算定と支援の具体的手法

●この章のポイント●

本書では、第5章からホテル旅館の「正常収益力」について解説してきましたが、本章がその集大成となります。

まず、第5章において正常収益力の考え方をお示しした上で、正常収益力の判断材料となる事業性評価の進め方を解説しました。

そして、第6章では事業性評価の結果の見方を示すとともに、標準的な評価結果とコロナ禍のさなかに実施した事業性評価結果を比較することで正常収益力の重要性を明らかにしました。コロナ禍においても事業性評価を的確に行うことによって、そのホテル旅館の真価、つまりコロナ禍の影響を除いた正常収益力の判断材料が得られることを、実際の評価事例を通してお分かりいただけたと思います。

まとめとなる本章では、事業性評価を踏まえて正常収益力を数字で算出する具体的な手法について詳しく解説します。

1 アフターコロナの正常収益力を決定づける 3 つの要素

　これからのホテル旅館業界は、アフターコロナの世界を生きていくことになります。アフターコロナのホテル旅館業界は、第1章で述べたとおり、ビフォーコロナとは異なる、消費者の新しい行動様式、新しい旅行ニーズに対応する必要があります。つまり、これから先、アフターコロナの世界でホテル旅館がどこまで収益力を戻すことができるのかは、そのホテル旅館の真の実力次第ということです。

　本書では、ホテル旅館の真価、真の実力でつくりだす収益力のことを「正常収益力」と呼んでいます。突発的・一時的な出来事で上乗せされたり削られたりする収益を控除した、真の実力でつくりだす収益力のことです。

　ホテル旅館が将来の PL 計画を作るにあたって、まずやらなければいけないのは「アフターコロナにおける正常収益力を把握する」ことです。一般的に将来の PL 計画を作る際、直近の業績をベースにして算出しますが、コロナの影響を受けたホテル旅館の決算書は、そのホテル旅館の真の実力が反映された数字ではないからです。つまり、アフターコロナの正常収益力を見極めるには、コロナ禍で傷んだ業績は参考にならないということです。

　では、どうすれば正常収益力を把握できるのでしょうか。それにはビフォーコロナの正常収益力をベースにして、アフターコロナの経営環境の変化と、事業性評価結果（経営改善の取り組みの影響）を加味するのが最も適しています。なお、アフターコロナの正常収益力を決定づける要素は、以下の 3 点です（図表35）。

【図表35】アフターコロナの正常収益力を決定づける 3 つの要素

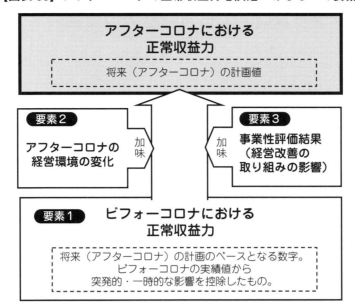

　アフターコロナの正常収益力を決定づける 1 つ目の要素は、ビフォーコロナにおける正常収益力です。つまり、コロナ禍の影響を受ける前の時期の収益力ということですが、自然災害などの突発的・一時的な事柄の影響を受けている場合は、それらの影響を控除します。ビフォーコロナにおける正常収益力が、アフターコロナの正常収益力を具体的に算定する際のベースになります。

　2 つ目の要素は、アフターコロナの経営環境の変化です。コロナ禍で大幅に縮小した宿泊需要は、完全には戻らない可能性もありますが時間とともに徐々に回復していきます。そういった経営環境の変化を加味する必要があります。

　3 つ目の要素は、事業性評価の結果です。アフターコロナにはどのホテル旅館も経営改善の取り組みが欠かせません。その取り組みがどこまで功を奏するのか、それをはかるのが事業性評価です。事業性評価のうち主に活用するのは、業績ではかる「結果指標」の評価結果ではなく、日々の経営活動のレベルではかる「プロセス指標」の評価結果です。「プロセス指標」の評価結果は、ホテル旅館の将来性、つまりアフターコロナの経営環境の変化に対応する力を示すものなので、アフターコロナの正常収益力の判断材料になります。

2 アフターコロナの正常収益力の見極めステップ

前項で示したアフターコロナの正常収益力を決定づける 3 つの要素を踏まえ、ここでは、具体的に数字で算出する手法を解説します。

アフターコロナの正常収益力は、以下の 3 つのステップで算出することができます（図表 36）。

【ステップ 1】ビフォーコロナにおける正常収益力を算出する

【ステップ 2】PL の成行予測を立てる（アフターコロナの経営環境の変化を加味する）

【ステップ 3】経営改善の取り組みの影響を考慮する（事業性評価の結果を加味する）

以下、各ステップの具体的な内容について解説していきます。

【図表 36】正常収益力を見極める 3 つのステップ

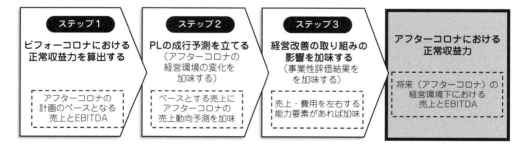

1）ステップ 1　ビフォーコロナにおける正常収益力を算出する

ビフォーコロナにおける正常収益力を算出するには、コロナ禍の影響を受ける前の時期の収益力から、自然災害などの突発的・一時的な事柄の影響を控除する必要があります。

コロナ禍の影響を受ける前の時期の収益力を見るには、2019 年 12 月以前の 3 期分の PL を採用するのが良いでしょう。ホテル旅館が実際にコロナ禍の影響を受け始めた、世の中的にもまずい状況になったと一般的に感じられるようになったのは 2020 年 3 月頃からだと思います。特に、緊急事態宣言が発出された 2020 年 4 月からの宿泊需要はインバウンドを含めて消滅してしまいました。日本国内で実際に新型コロナウイルスの感染者が確認されたのは 2020 年 1 月で、この頃からマスコミによる報道が加熱し始め、宿泊需要への影響が出始めました。こうしたことから、コロナ禍の影響を受ける前の時期としては 2019 年 12 月以前とするのが妥当でしょう。

本書でいう正常収益力とは、真の実力でつくりだす収益力のことです。具体的には、突発的および一時的な事柄の影響を控除した、概ね経常的な売上高と EBITDA ※の数

値を指します。

　本来の財務デューデリジェンスにおいては、財務会計上の修正を行った上で、突発的および一時的な数値を控除して対象期間 3 期分の平均を取ることで正常収益力を算出します。それに比べると本書が扱うのは大変簡便な正常収益力の算出方法です。しかし、現実問題として金融機関の融資担当者に財務および税務的な専門的知見があるとは限らないので、融資担当者が現実的に運用できるよう、できる限り簡便な方法が望ましいと考えます。

　もちろん、決算書の数字に粉飾や仮装経理などが紛れ込んでいないことが大前提ですが、決算書をベースに突発的および一時的な数値を控除する方法が現実的だと考えます。なお、ホテル旅館の決算においては減価償却不足が多々見られるので、弊社では償却前利払い前税引前利益である EBITDA を重視しています。理由は、財務会計上の簡易キャッシュフローである EBITDA が、ホテル旅館のキャッシュを稼ぐ力を端的に表していると考えるからです。この視点で考えれば、減価償却不足を考慮することなく正常収益力を算出することができます。

　ここでは、具体的に PL 数値を使ってビフォーコロナの正常収益力の算定事例を紹介します。旅館 E は、客室数 100 室の大型旅館で、ビフォーコロナの時期（2017 年 1 月〜 2019 年 12 月）の 3 年分の PL は以下の通りです（図表 37）。

【図表 37】大型旅館 E の PL（ビフォーコロナの実績）

（単位：百万円）

	2017 年 1 月〜 12 月	2018 年 1 月〜 12 月	2019 年 1 月〜 12 月
売上高	1,700	1,600	1,500
限界利益率	75%	75%	75%
限界利益	1,275	1,200	1,125
固定費（償却前）	1,068	1,010	925
EBITDA	207	190	200
EBITDA 率	12.2%	11.9%	13.3%

　ビフォーコロナの正常収益力を算定するには、この PL から突発的および一時的な事柄の影響を控除します。具体的には、売上高に影響を与える事柄として、次のようなものが挙げられます。主に外部環境が急激、あるいは一時的に変化する出来事です。

〈売上高にプラスの影響を与えるもの〉

　JR が実施するディスティネーションキャンペーン、各都道府県が行う県民割、オリンピックや万博などといった全国的なイベント、など

〈売上高にマイナスの影響を与えるもの〉

　自然災害（地震や台風、水害、大雪など）、風評被害、など

また、原価や人件費、その他経費、営業外収益、特別損益に影響を与える突発的および一時的な事柄には、次のようなものがあります。

- **不良在庫を一気に特別損失で処理した**
- **定年退職者がまとめて発生して退職金が通常よりも膨らんだ**
- **一時的な補助金を営業外収益で計上した　など**

なお、特別損益に関しては一時的なものが多いので、内容をよく見て控除する必要があります。旅館Eの場合、PLに影響を与えた突発的および一時的な事柄は、以下の2つがありました。

〈大型旅館Eの売上高に影響を与えた事柄〉

　2018年6月から9月の間にJRが実施したディスティネーションキャンペーンの影響で、この期間中の売上高が例年よりも100百万円増加した。

〈大型旅館Eの営業外収益に影響を与えた事柄〉

　2019年に全館のエアコンを省エネタイプに入れ替える際、省エネに関する補助金20百万円を受給しており、それを営業外収益として計上した。

以上の影響を控除したPLが、図表38です。網掛け部分が数字に調整を加えたところです。

【図表38】大型旅館Eの修正PL（突発的および一時的な影響を控除）

（単位：百万円）

	2017年1月〜12月	2018年1月〜12月	2019年1月〜12月
売上高	1,700	**1,500**	1,500
限界利益率	75%	75%	75%
限界利益	1,275	**1,125**	1,125
固定費（償却前）	1,068	1,010	925
EBITDA	207	**115**	**180**
EBITDA率	12.2%	**7.7%**	**12.0%**

図表38の修正PLで3期分の平均をとった数字が、旅館Eのビフォーコロナにおける正常収益力となります（図表39）。

【図表 39】大型旅館 E のビフォーコロナにおける正常収益力

（単位：百万円）

	ビフォーコロナにおける 正常収益力
売上高	1,567
限界利益率	75%
限界利益	1,175
固定費（償却前）	1,001
EBITDA	174
EBITDA 率	11.1%

2）ステップ 2　PL の成行予測を立てる（アフターコロナの経営環境の変化を加味する）

　ステップ 2 では、ステップ 1 で算出したビフォーコロナの正常収益力に、アフターコロナの経営環境の変化を加味して PL の成行予測を作ります。旅館 E の PL の成行予測を作るにあたっては、第 4 章 2.「2）ホテル旅館の主要 4 業態の売上回復予測」の項で示したホテル旅館業界の標準的な売上の回復度合いの見通しを踏まえて、旅館 E の売上高の見通しを立てます。

【図表 22】ホテル旅館の主要 4 業態の売上回復予測（基準年比）（再掲）

表中の数字は今後の売上規模の 回復度合い（基準年同時期比）（％）。
基準年＝コロナ禍の影響がない2018年4月〜2019年3月とした。

	2022年度	2023年度	2024年度	2025年度
大中規模旅館 の標準	80%〜100%	60%〜80%	80%〜100%	80%〜100%
小規模旅館 の標準	100%〜120%	80%〜100%	80%〜100%	80%〜100%
ビジネスホテル の標準	80%〜100%	60%〜80%	80%〜100%	80%〜100%
シティホテル・ リゾートホテル の標準	60%〜80%	60%〜80%	60%〜80%	60%〜80%

網掛けの時期は、概ねビフォーコロナ時の売上まで回復する時期。

　ここでは、現時点を 2022 年度として、旅館 E の 2023 年度と 2024 年度の PL の成行予測を作成します。

　図表 22 では、2023 年度の大中規模旅館全体の売上はビフォーコロナの売上に対して 60 〜 80％相当まで回復するという見通しを立てています。それを踏まえ、旅館 E の売上は固めに見て 70％まで回復するとします。2024 年度は図表 22 において大中規模旅館

全体の売上がビフォーコロナの売上に対して80～100%相当まで回復するという見通しを立てているので、それを踏まえ、大規模旅館Eの売上は固めに見て90%まで回復するとします。なお、限界利益率や固定費は変化しないものとします。以上の前提で2023年度と2024年度のPLの成行予測を立てたものが、図表40です。

2023年度のEBITDAはマイナスではありますが、ここには記載していませんがコロナ禍のさなかに比べると改善しています。コロナ禍である2021年度や2022年度の大型旅館Eの売上高はビフォーコロナ時の50%程度まで落ち込んでいましたから、EBITDAは大幅なマイナスに陥っていました。

【図表40】大型旅館EのPLの成行予測（アフターコロナの経営環境を加味）

(単位：百万円)

	ビフォーコロナにおける正常収益力（再掲）	2023年度の成行予測（売上高はビフォーコロナ時の70%相当）	2024年度の成行予測（売上高はビフォーコロナ時の90%相当）
売上高	1,567	1,097	1,410
限界利益率	75%	75%	75%
限界利益	1,175	823	1,058
固定費（償却前）	1,001	1,001	1,001
EBITDA	174	▲178	57
EBITDA率	11.1%	N/A	4%

2023年度の売上高は、2022年度に実施された全国旅行支援の反動でビフォーコロナ時の70%相当に下落すると見込みました。そのためEBITDAは▲178百万円とキャッシュアウトすることになります。一方、2024年度の売上高は、インバウンドが戻ってくることもあってビフォーコロナ時の90%相当まで回復すると見込んでいるので、EBITDAは57百万円とようやくプラスに転じます。しかしながら、EBITDAの売上高比率はわずか4%に過ぎません。

というのも、このPLは成行予測であり、経営改善に何も取り組まなかった場合の数字だからです。そこで、次のステップ3では、大型旅館Eが経営改善に取り組むことを想定して数字の調整を行います。

3）ステップ3　経営改善の取り組みの影響を考慮する（事業性評価の結果を加味する）

ステップ3では、これから経営改善に取り組むことを想定し、ステップ2で作成した成行予測のPLに経営改善の効果を反映させます。その手段として、事業性評価の結果を活用しますが、その際、事業性評価の項目の中でも、業績で定量評価する「結果指標」の評価結果ではなく、日々の経営活動のレベルで定性的に評価する「プロセス指

標」の評価結果を活用します。「プロセス指標」の評価結果は、ホテル旅館の将来性、つまりアフターコロナの経営環境の変化に対応する力を示すものなので、アフターコロナの正常収益力の判断材料として最も適しているからです。

①事業性評価の結果の使い方

　具体的に、「プロセス指標」の評価結果をどのように正常収益力に加味すればよいのでしょうか。「プロセス指標」の評価項目は「経営者」「組織」「経営管理」「マーケティング」「オペレーション」「施設」の６分野に分けられます。この６分野について、それぞれ強みがある場合、PL にどのような影響があり、正常収益力にどのような調整を加えるべきかをまとめると、以下のようになります。

○「経営者」の分野に強みがある場合の PL への影響

　この場合は、「売上を向上し費用を削減する力がある」と期待できます。PL の数値全体を改善する方向で調整を加えるのが良いでしょう。

　事業性評価で「経営者」の分野に強みがあるホテル旅館の経営者は、改善への強い意欲があり、現状を客観的に把握し外部の意見を積極的に取り入れようとします。組織風土の改善や売上増加策、経費削減策など、具体的な経営改善の実現度合いが高まるため、売上増加策や経費削減策など PL に直接的に影響を与える施策の実効性が高まります。具体的な数値ではかるのは困難ですが、PL の数値全体の改善に大きな影響を与えます。

○「組織」の分野に強みがある場合の PL への影響

　この場合も、「経営者」の分野に強みがある場合と同様、売上を向上させ費用を削減する力があると期待できます。PL の数値全体を改善する方向で調整を加えるのが良いでしょう。

　事業性評価で「組織」の分野に強みがあるホテル旅館は、経営者が描く戦略を部門長と従業員が実行する一方、現場の状況や顧客ニーズの変化を従業員から部門長、そして経営者へとスムーズに伝えることができます。こうした組織内の上下および左右の指示命令系統やコミュニケーションが良好に機能していることは、PL の数値全体の改善に大きく影響します。PL の数値全体の改善効果を高め、かつ早期の改善効果も期待できます。

○「経営管理」の分野に強みがある場合の PL への影響

　この分野に強みがあるということは、コストコントロールの能力に長けているということに他なりません。具体的には、EBITDA 率と限界利益率を向上するとともに、固定費を削減する方向で調整を加えます。

　事業性評価で「経営管理」の分野に強みが見出されるホテル旅館の特徴は、管理会計の仕組みがしっかりしており、PDCA サイクルが組織に浸透していることです。

それ故に PL 数値の些細な変化をきちんと把握し、対応策を速やかに行動に反映させることができるのです。なお、その成果は売上に表れることもありますが、主にコストコントロールに表れます。

○「マーケティング」の分野に強みがある場合の PL への影響

　この場合は売上拡大が期待できるので、売上高を伸ばす方向で調整します。

　事業性評価で「マーケティング」の分野に強みが見出されるホテル旅館は、マーケティングの根幹であるコンセプトが明確です。そのため外部環境の変化を受けにくく、たとえ逆風が吹いてもお客様がわざわざ足を運んでくれます。また、競争環境の厳しいエリアにおいても、競争に巻き込まれることなく独自のポジショニングを確保することができます。しかもターゲットイメージやプロファイルが明確なため、ターゲットに刺さるサービスを提供することによって売上を着実に伸ばすことも可能です。

　なお、売上高は基本的に客数と客単価によって積み上げられますが、コロナ禍からの回復過程においてはまず客数の増加を図り、その後、客単価を上げていくというのがベターです。マーケティングに強みのあるホテル旅館の場合は、このセオリーに基づいた戦略を練ることで確実に売上を上げていくことができます。

○「オペレーション」の分野に強みがある場合の PL への影響

　この場合も売上拡大が期待できるので、売上高を伸ばす方向で調整します。また、人件費を抑える効果も期待できます。

　オペレーションとは、ホテル旅館の本質であるおもてなしをお客様に表現する組織としての仕組み作りのことです。よく「段取り八分」と言われますが、事業性評価で「オペレーション」の分野に強みがあるホテル旅館の特徴は、事前のサービス設計が緻密で、教育体制もしっかりしているため人材の質が高いということです。もちろん、接客部門だけではありません。キッチン・調理場のシェフや職人の質も高く、チームが一丸となって組織目標の達成のためにチャレンジする体制ができています。

　このようなオペレーションができていれば、必然的に顧客満足度は上がります。それが口コミ評価を上げ、集客力を向上させることで売上増につながるのです。また、顧客満足度の向上と業務効率化という両面のオペレーションができているため、人件費を抑えながら売上を伸ばすことも可能です。顧客満足度の向上によって客単価が向上することで、売上に占める人件比率の抑制にもつながるわけです。

○「施設」の分野に強みがある場合の PL への影響

　この場合も、売上拡大が期待できるので、売上高を伸ばす方向で調整します。

　事業性評価で「施設」の分野に強みがあるホテル旅館の特徴は、計画的なエンジニアリングレポート※に基づく修繕・更新ができているということです。お客様から見て最低限必要なホテル旅館としての基本機能、つまり安心、安全、快適な空間が維持

されるため、売上を下げない押し上げ効果があります。さらに、これまでの戦略的な投資が売上高の増加に直接つながることも期待できます。

②旅館 E の事業性評価結果を加味する

旅館 E の事業性評価の結果は図表 41 のとおりでした。

【図表 41】 大型旅館 E の事業性評価結果

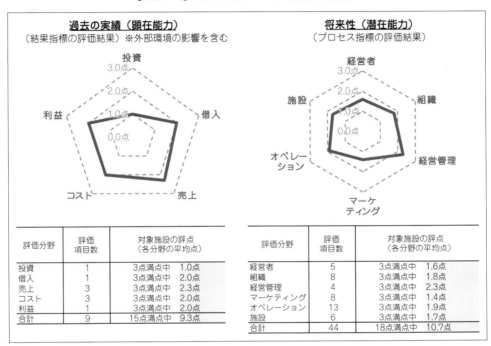

評価分野	評価項目数	対象施設の評点（各分野の平均点）	
投資	1	3点満点中	1.0点
借入	1	3点満点中	2.0点
売上	3	3点満点中	2.3点
コスト	3	3点満点中	2.0点
利益	1	3点満点中	2.0点
合計	9	15点満点中	9.3点

評価分野	評価項目数	対象施設の評点（各分野の平均点）	
経営者	5	3点満点中	1.6点
組織	8	3点満点中	1.8点
経営管理	4	3点満点中	2.3点
マーケティング	8	3点満点中	1.4点
オペレーション	13	3点満点中	1.9点
施設	6	3点満点中	1.7点
合計	44	18点満点中	10.7点

　プロセス指標の評価結果のレーダーチャートを見ると、大型旅館 E は、「経営管理」と「オペレーション」の分野に強みがあります。

　「経営管理」の分野に強みがあるということは、アフターコロナにおいてコストコントロールに取り組めば大きな成果が期待できます。具体的には、EBITDA 率と限界利益率の向上および固定費の削減を図ることで調整を加えます。

　また、「オペレーション」の分野にも強みがあるので、日々の旅館運営の中で顧客満足度を高め続けることが期待できます。この点についても、売上高を伸ばす方向で調整します。

　以上の前提に基づき、アフターコロナにおける旅館 E の正常収益力を、事業性評価の結果および経営改善の取り組みの影響を加味して算出したのが、図表 42 です。

【図表 42】 アフターコロナにおける大型旅館 E の正常収益力（事業性評価の結果を加味）

（単位：百万円）

	ビフォーコロナにおける正常収益力（再掲）	2024 年度の成行予測（売上高はビフォーコロナ時の 90％相当）（再掲）	アフターコロナにおける正常収益力	2024 年度の成行予測との差異（事業性評価の結果を踏まえた調整）
売上高	1,567	1,410	1,500	+90
限界利益率	75%	75%	77%	+2%
限界利益	1,175	1,058	1,155	+97
固定費（償却前）	1,001	1,001	980	▲ 21
EBITDA	174	57	175	+118
EBITDA 率	11.1%	4%	11.7%	+7.7%

　図表 42 の右端から 2 列目、「アフターコロナにおける正常収益力」の列に示した数値が、事業性評価の結果を踏まえて具体的に調整を施した結果です。ステップ 2 で立てた 2024 年度の成行予測をベースにして、事業性評価の結果を加味しています。具体的にどれくらい加算・減算したのかは、右端の列に示しています。

　例えば、「オペレーション」の分野に強みがあることから、旅館 E が取り組めるであろうと想定されるオペレーションとこれまでの事業規模を踏まえ、売上高を 90 百万円伸ばしました。

　また、「経営管理」の分野に強みがあることから、旅館 E の変動費の中身などを踏まえて限界利益率を 2％伸ばしました。経費についても削減の余地があると考えられるので、固定費を▲ 21 百万円削減しました。

　その結果、EBITDA は 118 百万円の増加となりました。

③アフターコロナにおける大型旅館 E の正常収益力の見極め結果

　旅館 E の場合、アフターコロナにおける正常収益力は、EBITDA 率で見るとビフォーコロナにおける正常収益力を上回ります。その主な要因は、コストコントロールによって限界利益率と固定費を改善することが見込まれるからです。

　一方、売上はビフォーコロナを下回ります。これは本項のステップ 2 でアフターコロナの経営環境を固めに見積もったのが要因です。つまり、「2024 年度になってもビフォーコロナ時と同等の売上水準までは回復しない」という堅実な仮定で成行予測を立てたたことによるものです。

　このように経営環境を厳しめに見積もっても、事業性評価結果を適切に活用して潜在能力を加味すれば、「アフターコロナの正常収益力がビフォーコロナを上回る水準にある」ことを、きちんとした根拠をもって評価することができるのです。

　ここでご紹介した手法は、アフターコロナのホテル旅館の真価を見極めるにあたって

考慮すべき要素をすべて適切に取り込んでいます。今後、金融機関や支援機関の職員の方々がアフターコロナのホテル旅館と関わる際は、ここで紹介したステップを踏めば確実に適切な正常収益力を見極めることができます。この正常収益力をベースにすることによって、初めて適切な経営改善支援および金融支援を見出すことができるのです。

3 ホテル旅館の支援姿勢の検討手法

1) ホテル旅館を「トリアージ」するという考え方

　ホテル旅館がコロナ禍で被った損害は非常に大きいものでした。このコロナ禍において多くのホテル旅館が収益低下に陥り、債務は膨れ上がったままです。確かに全国旅行支援などの需要喚起策があった期間に限れば、ビフォーコロナの時期以上に売上を上げたホテル旅館も少なからずありました。しかし、消費者の旅行意欲自体が衰えたわけではないとは言え、ビフォーコロナのような消費行動は取りづらくなったのは間違いありません。実際に大人数や日頃あまり付き合いのない人との旅行や宴会、飲食の機会は恒常的に減っています。つまり、今後このような消費行動の変化をまともに受けることになるホテル旅館は、従来のような収益構造のままでは返済可能なキャッシュを稼ぐ力を失いかねないのです。

　一方、借入の返済も始まる中、金融機関としても頭の痛い問題に直面しています。現状にかんがみれば、「追加の金融支援を行って良いのか」「本当に収益の改善が見込めるのか」の見極めは非常に困難だからです。しかし、借入の返済が始まる以上、取引先に対する支援姿勢の決断は喫緊の課題です。

　そこで、「今、ホテル旅館業界が置かれた状況は、災害医療の現場の状況に近い」と考え、本書ではホテル旅館の支援姿勢の決定を「トリアージ」と呼ぶことにします。トリアージとは、大事故や大規模な災害が発生し多数の傷病者が発生した際に救命の順序を決める医療用語です。傷病者の重要度と緊急度によって分別することで、治療や搬送先の順位を決めます。「助かる見込みのない患者あるいは軽症の患者よりも、処置を施すことによって命を救える患者を優先する」という考え方です。

　金融機関がコロナ禍で傷んだホテル旅館の支援姿勢を決める行為は、まさに救命の順序を決める行為と同じです。アフターコロナのホテル旅館業界には今、資金繰りが逼迫し、収益力も落ちたホテル旅館が数多くあります。その中でどのホテル旅館を支援し、あるいは見切りをつけるのかの判断について、トリアージの考え方を使って詳しく説明します。

①ホテル旅館のトリアージの枠組み

　図表43は、ホテル旅館のトリアージに使う枠組みです。現預金残高とEBITDAの2軸からなる4象限のマトリックスで、それぞれプラスマイナスゼロを4象限の境界線としています。

　4象限のうち、コロナ禍（2020年〜2024年ごろまで）のホテル旅館の現在位置を、「現預金残高プラス」×「EBITDAマイナス」の象限（左上の象限）とします。実際、

多くのホテル旅館ではコロナ禍で実施された政府系金融機関の特別貸付や民間金融機関のゼロゼロ融資などの資金繰り支援を活用しているため、現預金残高はプラスの状態です。一方、EBITDA は依然としてマイナスの状態で、キャッシュアウトが続いています。

　このようにコロナ禍におけるホテル旅館の現在位置を左上の象限とし、１〜３年後には別の３つの象限のどこかに移動することになるわけです。もちろん、どの象限に移動するかは、それぞれのホテル旅館が持つアフターコロナの正常収益力と、コロナ禍のダメージからの回復スピードによって異なります。

　ホテル旅館のトリアージでは、この枠組みを使って「検討対象のホテル旅館が１年後〜３年後の将来、どの象限に移動するか」を見極めます。災害医療のトリアージでは患者の状態に応じて赤・黄・緑・黒のタグをつけることで優先順位をつけますが、ホテル旅館のトリアージでは、この枠組みにおける１〜３年後の象限の位置を見極めることで支援の基本方針を決めることになります。

【図表 43】 ホテル旅館のトリアージの枠組み

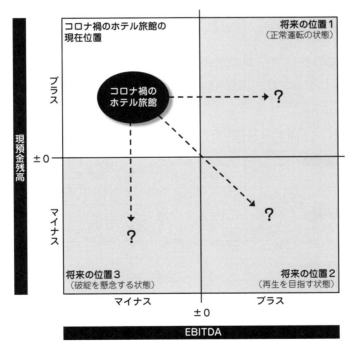

②ホテル旅館のトリアージの３区分

　図表 43 の通り、ホテル旅館のトリアージには３つの区分があります。現在の位置である左上の象限から、１〜３年後にその３つのうちどの象限移動するかを見極めるわけです。３つの区分それぞれの状態は、次のとおりです。

【将来の位置１（正常運転の状態）】

「現預金残高プラス」×「EBITDA プラス」の象限（右上の象限）です。これは、手元資金があり、収益性も回復し、ほぼ正常運転に戻っている状態です。

【将来の位置2（再生を目指す状態）】

「現預金残高マイナス」×「EBITDA プラス」の象限（右下の象限）です。これは、今のところこれまでのキャッシュアウトを現預金残高でまかないきれない状態にあるものの、収益性は回復しているので、これから再生を目指す状態です。

【将来の位置3（破綻を懸念する状態）】

「現預金残高マイナス」×「EBITDA マイナス」の象限（左下の象限）です。これは、収益性の改善が見込めず、かつ、それまでのキャッシュアウトにより現預金残高もマイナスで、再生の足がかりが見えない状態です。

そもそも現預金残高がマイナスということは、すでに資金繰りが破綻している状態に他なりません。そうなる前に、何らかの金融支援をする必要があります。その必要性を含め「金融機関としてどのような支援姿勢を取るべきなのか」を、本章の次項以降で明らかにしていきます。

2）ホテル旅館のトリアージの進め方

ホテル旅館のトリアージは、図表44のとおり5つのステップで進めます。

【図表44】アフターコロナのホテル旅館の支援基本方針を決めるステップ

ステップ1 目標設定	アフターコロナの収益の目標値を設定する（アフターコロナの正常収益力を算出する）
ステップ2 目標達成スピードの設定	この先の売上回復スピードの見込みを立てる（これまでの売上回復スピードを踏まえて）
ステップ3 予想資金繰り表作成	1〜3年後の予想資金繰り表（概算）を作成する
ステップ4 トリアージ	1〜3年後の資金繰りと収益性で、ホテル旅館をトリアージする
ステップ5 支援基本方針の決定	トリアージの結果に応じて、ホテル旅館の支援基本方針を決める

■ステップ1：目標設定

前述した通り、ホテル旅館のトリアージは「検討対象のホテル旅館が1年後〜3年後

の将来、どの象限に移動するかを見極めること」です。そのためにステップ１では、アフターコロナにおける収益の目標を設定します。具体的には、アフターコロナの正常収益力を算出することで目標を設定します。なお、アフターコロナの正常収益力の算出ステップは図表 36 のとおりです。詳細は本章の「2. アフターコロナの正常収益力の見極めステップ」の項を参照してください。

【図表 36】正常収益力を見極める３つのステップ（再掲）

■**ステップ２：目標達成スピードの設定**

　ステップ１で設定した目標をいつ達成できるのかは売上回復のスピードによるので、ステップ２では、この先の売上回復スピード（目標達成スピード）の見込みを立てます。その際、第４章 2.「(2) ホテル旅館の主要４業態の売上回復予測」の項で示したホテル旅館業界全体の売上の回復度合いの見通し（図表 22）を踏まえるとよいでしょう。

【図表 22】ホテル旅館の主要 4 業態の売上回復予測（基準年比）（再掲）

表中の数字は今後の売上規模の 回復度合い（基準年同時期比）(%)。
基準年＝コロナ禍の影響がない2018年4月〜2019年3月とした。

	2022年度	2023年度	2024年度	2025年度
大中規模旅館の標準	80%〜100%	60%〜80%	80%〜100%	80%〜100%
小規模旅館の標準	100%〜120%	80%〜100%	80%〜100%	80%〜100%
ビジネスホテルの標準	80%〜100%	60%〜80%	80%〜100%	80%〜100%
シティホテル・リゾートホテルの標準	60%〜80%	60%〜80%	60%〜80%	60%〜80%

網掛けの時期は、概ねビフォーコロナ時の売上まで回復する時期。

　図表 22 の数字は、業態全体の売上規模の基準年同時期比、つまりビフォーコロナである 2019 年の同時期の売上に対してどのくらい回復するかを表した数字です。対象の

ホテル旅館の売上の回復度合いは、直近月の売上の2019年同月比（％）で見ます。直近月までの回復度合いを見て、その比率が図表22の業態全体の売上規模の回復度合いよりも良ければ「回復スピードが早い」、悪ければ「回復スピードに遅れがある」と判断するわけです。なお、図表22の数字は幅を持たせた数字なので、検討対象のホテル旅館の月別売上の推移から「回復している」「停滞している」「回復にはほど遠い」の3段階の評価をする程度でよいでしょう。

■ステップ3：予想資金繰り表の作成

ステップ2で設定した目標達成スピードを踏まえ、1年後～3年後の予想資金繰り表（概算）を作成します。

アフターコロナにおける正常収益力は、時点にかかわらずホテル旅館が本来持っている収益力です。売上回復のスピードが速ければ概ね2023年度にはこの正常収益力の売上まで回復するとし、売上回復のスピードが遅ければ2024年度から2025年度にかけて、この正常収益力の売上まで回復するとします。

この正常収益力の実現までにかかる時間によって、その間にどれほどのEBITDAがプラスになるのか、あるいはマイナスが続くのかが分かります。これに現時点での現預金残高を加味することによって、1年後～3年後の現預金残高の概算を導き出します。

いつの時点の予測資金繰り表を作るかは、1年後～3年後の範囲で設定するのが妥当ですが、具体的に何年後にするのかは、金融機関のリスクへの対応力によって変わってきます。つまり、金融機関の体力が比較的弱く、それほど長期間の収益のブレのリスクを受容できない場合は1年後になります。一方、中長期的に支える方針がすでに決まっており、長期間にわたってリスクを取ることが受容できる場合は3年後になります。

■ステップ4：トリアージの実施

ステップ3で作成した予想資金繰り表で、1年後～3年後の資金繰りと収益性の状態がわかります。この数字で検討対象のホテル旅館をトリアージします。

具体的には、予想資金繰り表で算出した1年後～3年後の現預金残高とEBITDAを図表43の枠組みにあてはめて、検討対象のホテル旅館が1年後～3年後の将来、マトリックスのどの象限に移動するのかを見ます。

■ステップ5：支援基本方針の決定

トリアージの結果に応じて、ホテル旅館の支援基本方針を決めます。トリアージの結果に応じた支援の優先順位と基本方針は、図表45の通りです。

【図表 45】 トリアージの結果に応じた支援の優先順位と基本方針

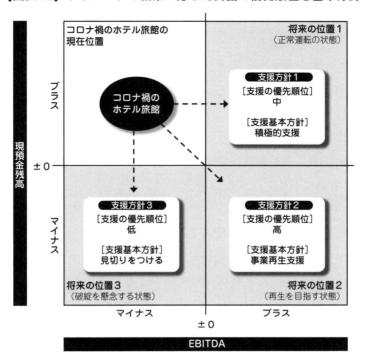

〈支援方針 1 の象限にトリアージした場合〉

「現預金残高プラス」×「EBITDA プラス」の象限（右上の象限）です。この場合の支援の優先順位は「中」、支援の基本方針は「積極的支援」となります。

現預金残高がプラスなので事業の継続性に心配がなく、かつ EBITDA がプラスなので収益性もアフターコロナにおける正常収益力も十分にあると考えられます。よって、すぐに破綻するリスクは少ないため優先順位は「中」となり、このようなホテル旅館に対しては積極的に支援するのが基本的な考え方です。

具体的には、もし現時点で現預金残高がマイナスであれば、惜しみなくニューマネーを投入すべきです。また、事業再構築補助金や観光庁の「地域一体となった観光地・観光産業の再生・高付加価値化事業」の採択を目指すなどといった戦略的投資を伴う取り組みにも積極的に資金調達の支援をするべきです。

〈支援方針 2 の象限にトリアージした場合〉

「現預金残高マイナス」×「EBITDA プラス」の象限（右下の象限）です。この場合の支援の優先順位は「高」、支援の基本方針は「事業再生支援」となります。

現預金残高がマイナスなので事業の継続性に不安があるものの、EBITDA がプラスなのでアフターコロナにおける正常収益力は十分にあると考えられます。ただし資金繰りに不安があるので緊急度は高く、優先的に支援する価値は十分あります。つまり、こ

の象限のホテル旅館の優先順位が一番高くなります。

　金融機関がこのようなホテル旅館に対して取るべき支援姿勢は、収益性の改善を着実に行い、そのスピードを上げることです。具体的には、資金繰りを安定させるための元本返済猶予はもちろん、DIP ファイナンスも積極的に検討すべきと考えます。その上で、中小企業活性化協議会※の関与のもと、再生計画の策定支援を行うべきです。もしアフターコロナにおける正常収益力に不安がある場合は、3 年間のプレ再生計画を策定し、その中で本来の収益力を見極めるのも良いでしょう。その際、経営者の経営改善にかける思いや意欲を検証するのも有意義です。

〈支援方針 3 の象限にトリアージした場合〉

　「現預金残高マイナス」×「EBITDA マイナス」の象限（左下の象限）です。この場合の支援の優先順位は「低」、支援の基本方針は「見切りをつける」となります。

　現預金残高がマイナスなので事業の継続性に不安があり、かつ EBITDA もマイナスなのでアフターコロナにおける正常収益力も低いと考えられます。このようなホテル旅館についてはできるだけ早期に見切りをつけて、金融機関としてはオフバランスを図るべきと考えます。もちろん支援を打ち切るとなれば、金融機関行内で様々な議論が起きると思いますが、このようなホテル旅館に対する支援策を議論しても時間を無駄にするだけです。ある意味で残酷な判断になるかもしれませんが、この象限の優先順位が低い以上、あまり労力をかけずに債権の処理を進めるべきと考えます。

3）ホテル旅館のトリアージの進め方（実践例）

　前項 2）で解説したトリアージの進め方をより実践的にご理解いただくために、この章の「2. アフターコロナの正常収益力の見極めステップ」で取り上げた旅館 E のトリアージを実践してみましょう。

■ステップ 1：目標設定

　ステップ 1 では、アフターコロナにおける収益の目標を設定します。つまり、アフターコロナにおける正常収益力の算出を行います。すでに旅館 E のアフターコロナにおける正常収益力は、本章の「2. アフターコロナの正常収益力の見極めステップ」で算出しているので、それを使います（図表 46）。

【図表 46】 アフターコロナにおける大型旅館 E の正常収益力

（単位：百万円）

	ビフォーコロナにおける 正常収益力 （再掲）	アフターコロナにおける 正常収益力 （再掲）
売上高	1,567	1,500
限界利益率	75%	77%
限界利益	1,175	1,155
固定費（償却前）	1,001	980
EBITDA	174	175
EBITDA 率	11.1%	11.7%

■ステップ２：目標達成スピードの設定

次に、この先の売上回復スピード（目標達成スピード）の見込みを立てます。

このトリアージ作業をしている時点を 2023 年 3 月（2022 年度第 4 四半期末）とし、売上実績の数字は 2022 年度 4Q（第 4 四半期）の分まで見えているとします。

図表 47 は、旅館 E の売上回復スピード（2019 年同月比）の実績を、同じ業態である大中規模旅館の標準的な売上回復の見通しと比較したものです。なお、同業態の標準的な売上回復度合いの見通しは、第 4 章 2.「(2) ホテル旅館の主要 4 業態の売上回復予測」の項で示したものです。

2022 年度 4Q の売上実績の回復度合いは、同業態の標準と比べて出遅れていたようですが、向こう 3 か月（2023 年度 1Q）は、同業態標準の見通しと同等水準に追いつく見込みです。これを踏まえて、今後は同業態標準の見通しと同等の売上回復スピードになると設定することにします。

【図表 47】 売上回復予測（基準年比）（大中規模旅館標準および大型旅館 E）

表中の数字は今後の売上規模の回復度合い（基準年同時期比）（％）。
基準年＝コロナ禍の影響がない2018年4月〜2019年3月とした。

	現在 2022年度 4Q	2023年度 1Q	2Q	3Q	4Q	2024年度 通年	2025年度 通年
大中規模旅館 の標準	80%〜100%	60%〜80%	60%〜80%	60%〜80%	60%〜80%	80%〜100%	80%〜100%
大型旅館E	80%〜90% （実績）	60%〜80% （見通し）	60%〜80%	60%〜80%	60%〜80%	80%〜100%	80%〜100%

←─────（同業態の標準と同等とする）─────

網掛けの時期は、概ねビフォーコロナ時の売上まで回復する時期。

以上の前提条件を当てはめると、旅館 E の目標達成スピードが大まかに見えてきます。旅館 E の場合、ステップ 1 で算出した目標つまりアフターコロナの正常収益力を実現する時期は、2025 年度ごろとみるのが現実的と思われます。

■ステップ３：予想資金繰り表の作成

　旅館Eの場合、取引金融機関である地域金融機関が、中長期的な収益のブレのリスクを一定程度とれるということなので、２年後（2024年度）の予想資金繰り表（概算）を作成することにしました。

【図表48】 大型旅館Eの予想資金繰り表

（単位：百万円）

	現在 ▼ 2022年度 4Q	2023年度 1Q	2Q	3Q	4Q	2年後 ▼ 2024年度 通年（期末）	2025年度 通年（期末）
現預金残高	100	78	56	34	12	100	275
売上高	1,300	300	300	300	300	1,400	1,500
限界利益率	75.0%	76.0%	76.0%	76.0%	76.0%	77.0%	77.0%
固定費（償却前）	1,001	250	250	250	250	990	980
EBITDA	▲ 26	▲ 22	▲ 22	▲ 22	▲ 22	88	175
（率）	-2.0%	-7.3%	-7.3%	-7.3%	-7.3%	6.3%	11.7%

2023年度の四半期毎の売上高と固定費は、年間の数値を単純に４分の１した簡素な数字で表現した

　ステップ１で算出した旅館Eの目標、つまりアフターコロナの正常収益力の売上高は1,500百万円であり、ステップ２で、その目標を達成する時期は2025年度としました。ステップ２で見たとおり回復が遅れているので、2023年度の売上高を1,200百万円、2024年度の売上高を1,400百万円と見込みました。また、限界利益率は現状の75%を77%まで2%改善するのが目標ですが、2023年度の段階ではまだ77%には至らず、2023年度と2024年度の２年かけて1%ずつ改善すると見込んでいます。一方、固定費の削減については2024年度から10百万円ずつ削減していく計画です。

■ステップ４：トリアージの実施

　ステップ３で作成した予想資金繰り表の２年後の現預金残高とEBITDAから、旅館Eのトリアージは図表49の通り、「現預金残高プラス」×「EBITDAプラス」の象限（右上の象限）とされました。

【図表 49】大型旅館 E のトリアージ

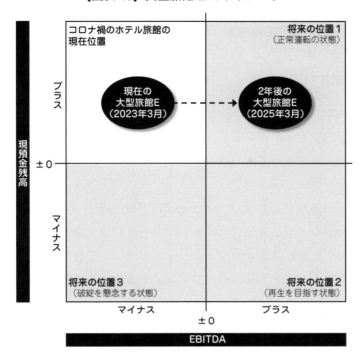

■ステップ５：支援基本方針の決定

　旅館 E は、前項 2）の図表 45「トリアージの結果に応じた支援の優先順位と基本方針」で示したマトリックスの、「支援方針 1」の象限にトリアージされたため支援の優先順位は「中」、支援の基本方針は「積極的支援」となります。

　旅館 E は、アフターコロナにおける正常収益力の EBITDA が 175 百万円あるにも関わらず、2024 年 3 月まではずっとマイナスが続きます。そのため、2024 年 3 月には現預金残高 12 百万円と落ち込みますが、何とかぎりぎりプラスを維持し、それ以降はプラスに転じます。このような旅館に対しては、必要であれば追加融資をして資金繰りを支えつつ、事業再構築のための積極的な支援を行うべきと考えます。

4）トリアージの結果に応じた具体的支援例

　ここまで述べてきたとおり、トリアージの結果に応じたホテル旅館の支援基本方針は大きく 3 つあります（図表 45「トリアージの結果に応じた支援の優先順位と基本方針」参照）。ここでは、3 つの支援基本方針を踏まえ、金融機関の立場で具体的にどのように対応すべきなのかを例示します。

①支援方針 1 にトリアージされるホテル旅館への具体的支援例

> （トリアージの基準）将来の状態が「現預金残高プラス」かつ「EBITDA プラス」
> （支援の優先順位）中
> （支援の基本方針）積極的支援

　支援方針 1 にトリアージされるホテル旅館は、もともと収益性が高く、キャッシュアウトの状態から脱出するタイミングも比較的早いと見込まれます。この場合は積極的な支援姿勢を維持し、ニューマネーの注入やビジネスモデル転換のための戦略的投資なども積極的に融資をしていくべきです。

　このようなホテル旅館に対しては、中小企業活性化協議会※の収益力改善計画や 405 事業の経営改善計画などを策定して、ニューマネーや事業再構築補助金、観光庁の高付加価値事業の補助金を組み込みながらアクションプランを実行していくことになります。すなわち、資金繰りを安定化させつつビジネスモデル転換の取り組みに重点を置くような経営改善計画を策定することになります。

　また、中期的には競争戦略よりも成長戦略に重きを置くことが重要です。もちろん事業再生の世界では、現在の市場で生き残るための競争戦略に重点を置くのが一般的ですが、同時にその先を見据え早めに動きだすことが事業を継続させるには重要なのです。まだ、体力に余裕があるうちに、次の時代を見据えた成長戦略に 3 年～5 年かけて舵を切るということです。

　ただし、有利子負債年商倍率が 1 倍を超える場合は、まずは何らかの金融支援が必要なので、リスケ※や DDS※などによって返済負担や利息負担を軽減する必要があります。

②支援方針 2 にトリアージされるホテル旅館への具体的支援例

> （トリアージの基準）将来の状態が「現預金残高マイナス」かつ「EBITDA プラス」
> （支援の優先順位）高
> （支援の基本方針）事業再生支援

　支援方針 2 にトリアージされるホテル旅館は、EBITDA はプラスになるため事業性は回復し、それなりのキャッシュを生み出す可能性が高いと考えられます。しかしながら、それまで資金が持たず現預金残高がマイナスになってしまうことが予想されます。また、売上回復シナリオが遅れると EBITDA の回復も遅れるため、現預金残高のマイナスが早期に起こってしまう可能性もありそうです。

　上記から、毎月の PL および現預金の動きには十分注視する必要があります。例えば、「売上と EBITDA は毎月プラス動いているか、それともマイナスか」「現預金残高の減少幅は大きくなっているか、それとも小さくなっているか」といった動きをきめ細かく

見続けることが、支援方針2にトリアージされるホテル旅館の支援姿勢のベースになります。

　その上で、現預金残高の推移から月商倍率が1倍を切ることが想定される場合は、いち早くニューマネーを入れる必要があります（ここではしばらく元本は止めることを前提としています）。

　更に、EBITDA額と率の早期回復を目指す収益改善の働きかけも重要です。具体的には、中小企業活性化協議会※による早期のプレ再生計画や事業再生計画の策定を促します。なお、支援方針2にトリアージされるホテル旅館は有利子負債もコロナ融資によって更に膨らんでいる可能性が高いと考えられますが、EBITDAがプラスで事業性が認められ、さらに戦略的な設備投資により収益改善に弾みがかかる可能性があれば、債権カットなどの抜本的再生も検討するべきです。特に、有利子負債年商倍率が1倍を超える場合、債権カットの必要性が増す傾向にあります。

　抜本再生を図る事業再生計画策定に踏み込んだ場合でも、基本的には自力再建を目指します。例えば、フィナンシャルスポンサーを付けるなど、外部から金融支援の力を借りて事業性を図る場合でも、現経営者を中心に再生を目指すのが基本です。ただし、地域にとって無くてはならないホテル旅館だが、明らかに現経営者に問題があるという場合は、事業再生ファンドを活用するのも一つの方法です。理由は、サービサーに債権を売却するよりも、事業再生の可能性が高まるからです。事業再生を図ったうえで、事業再生ファンドが持つ債権をメインバンクにリファイナンスできれば、要注意先以上の債務者ランクになって取引先に戻ってきます。それこそが地域金融機関の存在意義や社会的使命にも合致する支援だと考えられます。

③支援方針3にトリアージされるホテル旅館への具体的支援例

（トリアージの基準）「現預金残高マイナス」かつ「EBITDAマイナス」
（支援の優先順位）低
（支援の基本方針）見切りをつける

　支援方針3にトリアージされるホテル旅館は、誠に残念ながら見切りをつけざるを得ません。これまでの引当額にもよると思いますが、債権処理に舵を切るべきです。「清算価値を上回る方法で非保全額を一定程度回収できれば良い」と割り切り、回収に入るべきです。

　具体的な方法としては、M&Aによる事業譲渡（第二会社方式による会社分割による債権カットが主な再生スキームになると考えられる）とサービサーなどへの債権売却が考えられます。いずれも法的整理よりは回収率が高まることが多いので、できるだけ私的整理で債権の処理を進めるべきです。

もう一つ、中小企業活性化協議会※の再チャレンジ事業の活用も検討するべきです。事業の継続は諦めるが、経営者保証ガイドラインに則り、経営者の再スタートのための支援をするわけです。その際、雇用の維持は困難でもできるだけ地域の取引先に悪影響が及ばないように支援をすることで、事業中止をソフトランディングさせるのが理想です。

4 ［事例］正常収益力を踏まえて再生を目指す F 旅館

1）F 旅館の概要

　F 旅館は、「○○の奥座敷」と言われる知名度の高い温泉地に立地する客室数が 55 室の中規模旅館です。地方の中核都市から車で 1 時間ほどの山間にあり、温泉は弱アルカリ性の塩化物泉で、肌に優しい温泉として有名です。今やこのことがインターネット上の口コミで広がり、集客力のある温泉地となっています。

2）ビフォーコロナの F 旅館　〜業績悪化〜

　当温泉地にある旅館の中では比較的歴史が古く、現在の社長が 6 代目です。社長は40 代の女性で、金融機関に勤めたあと約 10 年前に事業承継を見据えて当社に入社しました。先代の社長は父親ですが、2018 年、体調不良を理由に娘に社長を譲っています。

　今から 20 年前、まだ父親が社長の時代にほぼ全面改装となる大規模な改修工事を行いました。もちろん資金は金融機関からの借り入れです。しかも、その額が年商以上だったため、借入総額は既往の借入を含め 20 億円と高額になってしまったのです。

　一方、売り上げはというと、募集団体や一般団体を中心に営業をしていたことから、OTA※への取り組みが遅れ結果的に個人客の取り込みが遅れてしまいました。その結果、売上は当初計画から連続して未達となり、キャッシュフロー不足から返済もままならない状況に陥ってしまったのです。

3）ビフォーコロナの F 旅館　〜現社長による経営改善〜

　コロナ禍の前、つまり 2018 年に現社長が就任すると、主にコスト管理を徹底して行うようになりました。特にそれまで脆弱だった管理会計の仕組み作りを集中的に行いました。その結果、翌月 10 日には各部門の売上をはじめ売上原価、人件費、部門に紐付く経費の仕分けができるようになりました。つまり、各部門の売上原価や人件費、その他の経費の管理を強化することで、部門毎の貢献利益を安定的に計上できるようになったのです。

4）ビフォーコロナの F 旅館　〜 2019 年、競合の進出〜

　現社長が就任した翌年、今から 4 年前に大手ホテルチェーンが当温泉地に進出してきました。100 室を超える和風旅館で、もともと集客力のあるチェーンなので脅威です。ただし、和風旅館と銘打っているものの、中身のサービス、オペレーションはホテルそのものです。仲居による案内はありませんし、呈茶※サービスなどもありません。チェ

ックインチェックアウトも自動チェックイン機で行います。その一方で、ライブキッチンのあるダイニングには 100 種類はあろうかというブッフェ※料理が並び、アルコールも含めすべてフリードリンク制です。こうした新たなスタイルが、自由気ままに自分の時間を楽しみたい客層に非常に喜ばれています。

　一方、F 旅館には露天風呂付きの客室が多く、食事はダイニングではなく部屋出しにこだわっています。こうした本来の旅館の風情や雰囲気、サービスを提供していることから、口コミ評価も周辺の旅館に比べて上々でした。しかし、新たに進出した和風旅館の客単価が 25,000 円以上と F 旅館と真正面から競合することとなり、否が応でもこの和風旅館進出の影響を大きく受けることになったのです。

5）2020 年、コロナ禍の打撃

　この和風旅館の影響をまともに受けて売上が落ち込んだところに、今度はコロナ禍に見舞われたため売上はさらに下がってしまいました。現社長が就任した 2018 年度からの業績の推移は図表 50 のとおりです。なお、F 旅館の決算期は 3 月です。

【図表 50】F 旅館の業績推移

（単位：百万円）

	社長就任 ▼ 2018 年度	競合進出 ▼ 2019 年度	◀━━━ 2020 年度	コロナ禍 2021 年度	━━━▶ 2022 年度
売上高	600	500	300	250	500
限界利益率	75%	75%	73%	70%	70%
限界利益	450	375	219	175	350
固定費（償却前）	378	350	340	340	360
EBITDA	72	25	▲ 121	▲ 165	▲ 10
EBITDA 率	12%	5%	N/A	N/A	N/A
有利子負債	1,050	1,000	1,300	1,300	1,300

　社長が就任した 2018 年度から管理会計の仕組みを作り、コスト管理を徹底したことで、EBITDA 率はそれまでの 8％から 12％に上がりました。つまり、管理会計の強化による成果は明らかにあったのですが、翌年大手チェーンの和風旅館が進出したことで再び売上が下がり、EBITDA は 25 百万円（5％）になってしまいました。そこにコロナ禍が加わったわけですから、売上はさらに落ち込みます。それでも 2020 年度は Go To トラベルキャンペーンがあったことで、数ヶ月間需要回復が見られましたが、2021 年度は需要喚起策もなく、緊急事態宣言発出などの影響も大きく、さらに売上は下がってしまいました。そして、2022 年度になると再び県民割と全国旅行支援があったことで、売上はビフォーコロナの 80％程度まで回復したというのがこれまでの経緯です。

　まず、コロナ禍に入った2020年度の時点で、向こう2年間の売上予測をした上で予想資金繰り表を作成しました。すると2022年度までの2年間で300百万円ほどキャッシュアウトするという結果になりました。しかし、その時点で約50百万円しか現預金残高がなかったため、政府系金融機関からの特別貸付および民間金融機関からのゼロゼロ融資をあわせ約300百万円の資金を調達しました。その後の経過ですが、ほぼ予想通りのキャッシュアウトに抑えられているため、現時点（2022年度時点）での現預金残高は約70百万円となっています。

6）メインバンクの悩み「F旅館をどこまで支援するべきか」

　2022年、メインバンクのF旅館担当であるD氏は、今後のF旅館の支援姿勢について思い悩んでいました。F旅館の社長は常日頃から経営情報を共有させてくれるので、問題や課題に対する認識も共有している。つまり、F旅館と当行は良い関係性を維持しているので、このまま金融支援を続けていけば良いと考えているのですが、F旅館に対する債権は新型コロナウイルス関連で融資した分も含めて元本停止の状態です。そのため行内では「いつから返済が可能なのか」「全て回収できるのか」「本当に回復が見込める収益力があるのか」など、多くの疑問がD氏に投げかけられており、これらの疑問に答えなければならない時期に来ていたからです。

　D氏は「F旅館には十分なポテンシャルがある」「何らかの金融支援の是非も明確にした上で、当行としての支援姿勢を明らかにしたい」と考え、中小企業活性化協議会※に案件を持ち込みました。もちろんD氏は、事前にF旅館の社長に中小企業活性化協議会について説明するとともに、事業再生案件として持ち込みたい旨、さらに当行としての支援姿勢について話しておきました。

7）弊社が取り組んだF旅館のトリアージ

　このF旅館の事業再生案件に対して、専門家の立場からサポートする業者として弊社がアサインされたのです。早速、弊社において事業デューデリジェンス※における事業性評価を行うとともに、アフターコロナにおける正常収益力を算出し、そのうえでトリアージの考え方に沿って金融機関による支援姿勢を整理しました。以下、本章の3.「3）ホテル旅館のトリアージの進め方」の項で解説した手順に沿って、弊社が行ったトリアージについて説明していきます。

■ステップ1：目標設定

　F旅館をトリアージするにあたって最初にするのは、F旅館のアフターコロナにおける収益の目標を設定することです。つまり、アフターコロナの正常収益力の算出です。

　そのためには、まずビフォーコロナにおける正常収益力を算出する必要がありますが、

131

当社は社長就任後明らかに収益構造が変わったことから、ビフォーコロナの3期分の PL を採用することが実体と異なると考え、2018年度および2019年度の2期分の PL 数値の平均を、ビフォーコロナにおける正常収益力として採用することにしました（図表51）。

通常は2017年度から2019年度の3期分の PL 平均を採用しますが、この3期中に突発的および一時的な数値がある場合は控除する必要があります。つまり、社長交代による収益構造の変化は、通常であればそれ以降も継続する、経常的な収益構造になると捉えるとともに、2019年度に進出してきた競合旅館はその後もあるという前提から、それ以降も経常的に競合の影響を受けると捉えたわけです。

【図表51】F旅館のビフォーコロナにおける正常収益力

単位：百万円

	ビフォーコロナにおける正常収益力
売上高	550
限界利益率	75%
限界利益	413
固定費（償却前）	364
EBITDA	49
EBITDA率	8.9%

続いて、ビフォーコロナの正常収益力に、アフターコロナの経営環境の変化を加味して PL の成行予測を作ります。F旅館の PL の成行予測を作るにあたっては、第4章2.「2）ホテル旅館の主要4業態の売上回復予測」の項で示ししたホテル旅館業界の標準的な売上の回復度合いの見通しを踏まえて、F旅館の売上高の見通しを立てます。

そうやって2023年度と2024年度の PL の成行予測を立てた結果が図表52です。2023年度は全国旅行支援等の需要喚起策がないことの反動が大きく、フォーキャストなど足下の売上回復度合いを見ると売上回復度合いは遅れるため、ビフォーコロナの売上の70％しか見込めません。しかし、2024年度になると需要が回復するため90％まで回復します。また、コロナ禍でビフォーコロナの75％から70％まで落ち込んだ限界利益率も、2023年度は70％のままとしますが2024年度になれば73％まで回復すると見込みました。

【図表52】F旅館のPLの成行予測（アフターコロナの経営環境を加味）

（単位：百万円）

	ビフォーコロナに おける正常収益力 （再掲）	2023年度の成行予測 （売上高はビフォーコロナ時 の70％相当）	2024年度の成行予測 （売上高はビフォーコロナ時 の90％相当）
売上高	550	385	495
限界利益率	75%	70%	73%
限界利益	413	270	361
固定費（償却前）	364	360	360
EBITDA	49	▲91	1
EBITDA率	8.9%	N/A	0.2%

　次に、これから経営改善に取り組むことを想定し、作成した成行予測のPLに経営改善の効果を反映します。その手段として活用するのが事業性評価の結果です。実際にF旅館の事業性評価を実施したところ、以下の評価結果になりました（図表53）。

【図表53】F旅館の事業性評価結果

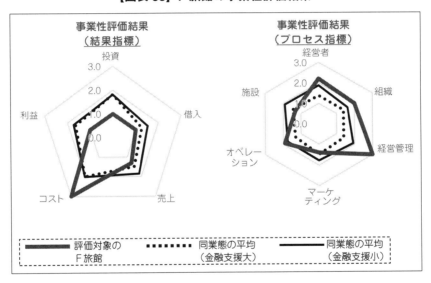

　結果指標の評価結果は、コロナ禍のさなかの決算数値なので当然ですが、「コスト」については高評価であるものの「借入」「売上」「利益」「投資」は低評価です。
　一方、プロセス指標の評価結果を見ると、F旅館は「経営管理」の分野が大変強いので、これからコストコントロールに取り組めば大きな成果が期待できると考えられます。そこで、成行予測のPLのEBITDA率と限界利益率を向上させる一方、固定費を削減する方向で調整を加えました。また、「経営者」と「組織」の分野にも強みが見られます。つまり、改善への強い意欲があり、組織内の上下および左右の指示命令系統やコミュニケーションが非常に良好だと考えられるので、成行予測のPLの売上高も向上する

方向で調整しました。

　このように事業性評価の結果を踏まえて、経営改善の取り組みの影響を加味し、アフターコロナにおける F 旅館の正常収益力を算出したのが、図表54 です。

【図表54】アフターコロナにおける F 旅館の正常収益力（事業性評価の結果を加味）

（単位：百万円）

	ビフォーコロナにおける正常収益力（再掲）	2024 年度の成行予測（売上高はビフォーコロナ時の 90％相当）（再掲）	アフターコロナにおける正常収益力	2024 年度の成行予測との差異（事業性評価の結果を踏まえた調整）
売上高	550	495	550	＋ 55
限界利益率	75%	73%	75%	＋ 2%
限界利益	413	361	413	＋ 52
固定費（償却前）	364	360	350	▲ 10
EBITDA	49	1	63	＋ 62
EBITDA 率	8.9%	0.2%	11.4%	＋ 11.2%

　事業性評価の結果を踏まえて、どのような調整を施したのかを示したのが、図表54 の右端の列の数値です。具体的には、2024 年度の成行予測をベースにして、事業性評価の結果を加味しています。

　「経営管理」の分野に強みがあることから、F 旅館の収益構造と費用の特性などを踏まえて限界利益率を 2％伸ばし、固定費を▲ 10 百万円削減しました。

　また、「経営者」と「組織」の分野に強みがあることから、競合の和風旅館への対応策の企画力と実行力、現時点までの進捗状況を踏まえて、売上高を 55 百万円伸ばしました。

　その結果、EBITDA は 62 百万円の増加となりました。

　なお、F 旅館の目標、つまりアフターコロナの正常収益力のポイントは以下 2 つです。

・売上については、競合環境の激化と施設の老朽化が進んでいるものの、経営者と組織面の強みを発揮して、なんとかビフォーコロナの水準である 550 百万円まで戻す。

・経営管理の強みを発揮してコストコントロールに取り組み、限界利益率と固定費を改善することによって EBITDA を 63 百万円（11.4％）まで改善する。

　しかし、これだけでは 1,300 百万円の有利子負債と 3％の利息への対応は不十分です。実際、収益弁済の原資となる簡易キャッシュフローは 63 百万円—1,300 百万円× 3％＝ 24 百万にしかなりません。最近は最低限の設備投資もままならない状況なので、そうした資金のことも考えると、とても現在の有利子負債を返済できないことが明らかになりました。

■ステップ2：目標達成スピードの設定

　F 旅館の 2022 年度までの売上の回復度合いは、ホテル旅館業界の標準的な回復度合いと同程度のスピードなので、予想資金繰り表を作成するにあたって、成行予測の PL の売上推移を調整する必要はなさそうです。ただし、2024 年度までの成行予測を踏まえると、アフターコロナにおける正常収益力を達成するのは 2025 年度と見るのが妥当だと判断しました。

■ステップ3：予想資金繰り表の作成

　F 旅館のケースでは、2 年後（2024 年度）の予想資金繰り表（概算）を作成することにしました。ただし、前述したとおりアフターコロナにおける正常収益力に達するのは現実的には 2025 年度と考えられます。そこで、2 年後（2024 年度）と 3 年後（2025 年度）の EBITDA と現預金残高を見ることにしました。

【図表 55】F 旅館の予想資金繰り表

（単位：百万円）

	現在 2022年度	2023年度	2年後 2024年度	アフターコロナの 正常収益力 2025年度
現預金残高	70	▲ 21	▲ 20	43
売上高	500	385	495	550
限界利益率	70%	70%	73%	75%
固定費（償却前）	360	360	360	350
EBITDA	▲ 10	▲ 91	1	63
（率）	N/A	N/A	0.3%	11.4%

■ステップ4：トリアージの実施

　図表 55 の予想資金繰り表で算出した 2 年後・3 年後の現預金残高と EBITDA をトリアージの枠組みにあてはめると、図表 56 のとおりの結果になりました。

【図表56】F旅館のトリアージ

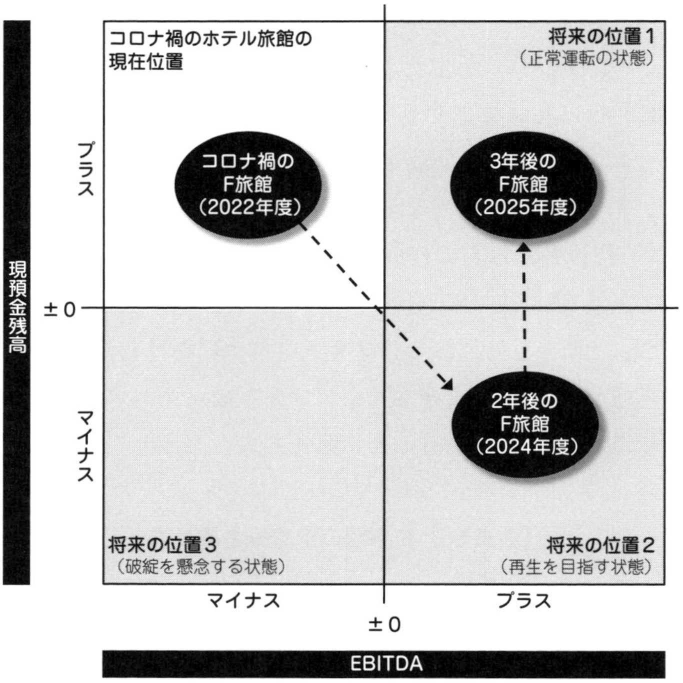

コロナ禍のホテル旅館の現在位置 / 将来の位置1（正常運転の状態） / コロナ禍のF旅館（2022年度） / 3年後のF旅館（2025年度） / 2年後のF旅館（2024年度） / 将来の位置3（破綻を懸念する状態） / 将来の位置2（再生を目指す状態） / 現預金残高 / プラス / ±0 / マイナス / EBITDA / マイナス / ±0 / プラス

■ステップ5：支援基本方針の決定

　F旅館をトリアージした結果、2年後は「現預金残高マイナス」×「EBITDAプラス」の象限（右下の象限）に区分されることが見出されました。この象限の場合の支援の優先順位は「高」、支援の基本方針は「事業再生支援」となります。

　そこで弊社は、F旅館の事業デューデリジェンスについて、ここまで述べてきたF旅館の状態を整理し報告するとともに、「出来るだけ早期に本業の収益改善に取り組む必要があること」及び「抜本的な金融支援を必要とする状態にあること」を提言しました。

8）F旅館の再生方針

　メインバンク内では、「F旅館のアフターコロナにおける正常収益力が適正に獲得できる見込みがある以上、抜本再生に取り組む必要がある」という意見でまとまりつつありました。具体的には、「遅れている設備投資をしつつ、窮境要因とは関係のない現経営者を残して引き続き経営を任せる。そのためには、フィナンシャルスポンサーを活用した抜本再生のスキームが必要である」とされたのです。

　そこで、地元の再生ファンドの一つEファンドがフィナンシャルスポンサーとなり、第二会社方式によって過剰債務をカットしつつ承継債務を引き受ける再生スキームが計

画されました。同時に、建物の維持に必要な設備投資としてエンジニアリングレポート※に基づく設備投資の実施、ダイニングレストランの新設および普通の和室客室全室の露天風呂客室への改装が計画されました。これらの設備投資と承継債務と合わせて600百万円が新会社の BS に計上される債務となることから、900百万円の債権カットが必要になりました。

　一方、収益については、ダイニングレストランの新設および露天風呂客室への改装によってさらに改善される見込みがあることから、最終的な事業再生計画では売上を600百万円、EBITDA 率を 15％とし、EBITDA を 90 百万円としました。これが最終的なアフターコロナにおける正常収益力です。

　事業計画が着実に実行されれば、数年後には E ファンドが保有する債権を全てメインバンクがリファイナンスする予定です。そのためにも、メインバンクは E ファンドと一緒になって F 旅館をハンズオン支援する必要があります。

第8章
M&A による
ホテル旅館の事業再生

●この章のポイント●

ホテル旅館業は、装置産業かつ労働集約型産業と言われる
ように、設備の維持・リニューアルや人員配置・スキルア
ップに膨大な資金が必要になります。だからこそコロナ禍
を乗り越えつつある今、事業再生の局面にあるホテル旅館
に対する投資判断が求められているのです。

本章では、装置産業及び労働集約産業の視点から見た投資
の判断基準について、それぞれ具体的にポイントを提示す
るとともに、事業再生型（私的整理）M&A のプロセスと
実務について解説します。

1 ホテル旅館の経済的・社会的意義

　ホテル旅館業は、多様な産業に影響を及ぼすすそ野の広い業種です。実際、2019年におけるホテル旅館業の旅行消費額5.5兆円に対して、生産波及効果は5.56兆円にものぼります。また、立地するエリアにある食材をはじめ農家、漁港関連、リネンサプライ、消耗品、土産物関連、燃料関連など、幅広い取引先を保有しているため雇用誘発効果も大きく約54.3万人の雇用を生み出しています。もともとホテル旅館は労働集約産業のため数多くの地域住民の雇用を生み出していますが、それに加えて周辺の産業にもプラスの経済効果をもたらしているのです。

　例えば、2019年の日帰り旅行と宿泊旅行の単価を比較すると、前者の17,334円／人に対して、後者は55,094円／人と、実に日帰り旅行の3倍の単価になっています。このように宿泊旅行には旅行単価を押し上げる効果があるのです。

　そのため国も積極的に支援策を打ち出しています。2006年には観光立国の実現に関する施策を総合的かつ計画的に推進新することを目的する「観光立国推進基本法」を制定し、観光を日本における重要な政策の柱の一つに位置付けました。特に力を入れているのが訪日旅行の促進です。基本法の制定からさかのぼることと3年、2003年に観光立国を宣言したのを契機に、国土交通大臣を中心に「YOKOSO! JAPAN」のスローガンのもと「2010年に訪日外国人を1,000万人」とするキャンペーンを開始。さらに2010年にはビジット・ジャパン事業を開始し、戦略的な訪日プロモーションが展開されました。

　こうした施策の影響もあって、ビフォーコロナの2019年には訪日外国人旅行者数は3,188万人に達し、訪日外国人旅行消費額も4.8兆円まで増加しました。その後、コロナ禍により訪日外国人旅行者数が激減しましたが、2030年の6,000万人、訪日外国人旅行消費額15兆円という目標は現時点でも変えてはいません。

　そうした状況の中で、ここに来てアフターコロナを見据えた観光地再生の支援策が次々に打ち出されています。観光の柱となるホテル旅館業に対しては、2022年にアフターコロナを見据えた観光地再生の取り組みを支援する「地域一体となった観光地の再生・観光サービスの高付加価値事業」が開始され、ホテル旅館に対して補助上限1億円（補助率原則2分の1）の大規模改修支援策が行われています。国として観光立国を目指す以上、今後も中核となるホテル旅館に対して様々な支援策が出てくるものと考えられます。

　いずれにしても経済的な波及効果だけでなく、国が観光立国の実現に向けて積極的に施策を展開していることから、今後も引き続きホテル旅館業の再生には大きな意義があ

ると考えて間違いありません。一般的にホテル旅館は投資対象として見ると、オペレーショナルアセット※であるし外部環境の変化を受けやすいことなどから、リスクの高さがネックとなりがちです。しかしながら、経済的・社会的な意義にかんがみれば、純投資ではなく中長期的な政策的投資の対象として重要なアセットになり得るのです。

2 事業再生の局面にあるホテル旅館に対する投資判断の特徴

　前述した通り、ホテル旅館業は装置産業であると同時に労働集約型産業と言われています。以下、その理由と事業再生の局面にあるホテル旅館に対する投資の留意点について解説することにします。

　まず、装置産業である所以ですが、それは「ホテル旅館は客室や宴会場、レストランなどを抱えた大きな箱であり、多額の投資を行うことで、有機的な不動産を作り上げている」からです。しかも工場であれば操業を停止することでコストを大幅に削減することができますが、ホテル旅館の場合は少人数の顧客、あるいはまったくいなくても、減価償却費や水道光熱費、固定資産税、保険料など、多額の固定費用がかかります。つまり、資本効率が悪く、資本回転率が低い。また、売上がなくてもかかる経費が大きいため、一定の売上を超えないと黒字にならず、少しでも下回ると途端に赤字に転落してしまうという特徴があります。

　また、装置産業であるため、継続的かつ計画的に設備投資をする必要があります。しかも製造業の設備のように老朽化が進んでもきちんと動いてくれれば良いというわけではなく、経年劣化した装置は見劣りするため常に新陳代謝させる必要があります。ホテル旅館は、常に顧客の目にさらされているため、老朽化の顕在化は即顧客満足度の低下につながるからです。よって、エンジニアリングレポート※において提示される必要最低限の修繕・更新・改修は、装置産業の機能を維持していくために必要不可欠なのです。

　もう1つ、「箱に入る客室数には限界があるため、どんなに売上を上げようと思ってもおのずと限界がある」という特徴もあります。よく言われることですが、「その日余った客室は翌日には売れない」のです。つまり、売上を無制限に伸ばすことができない以上、イールドマネジメント※の巧拙によって売上自体に大きな差が出るということです。もちろん、これは以下で説明する労働集約型産業であることにもつながっています。

　労働集約型産業である所以は、「ホスピタリティ産業」と言われていることからも明らかです。箱がどんなに立派でも、そこで提供するサービスがターゲットに刺さり、かつ価格に見合っていなければ、お客様は評価してくれません。そのためには、スタッフの教育はもちろん、モチベーション向上のための仕組み作りなどのサービスマネジメントが重要なポイントになります。つまり、箱とサービスのバランスが取れていなければ顧客満足度は高まらないということです。顧客満足が高まればリピート率が上がり、口コミの評価も上がる。この循環が集客力を高め、結果として売上向上につながるのです。

　今やホテル旅館ビジネスは、単に良いサービスを提供すれば集客できて売上を上げられるといった単純なビジネスではなく、競合ホテル旅館との差別化を図りつつ、収益を

最大化しなければ生き残ることはできません。そのためにはマネジメント力が必要不可欠です。具体的には一日に獲得できる売上に制限がある中で、如何にして RevPAR※（Revenue Per Available Room：販売可能な客室 1 室あたりの収益を表す値）を最大化させ、かつ原価率と人件費、その他経費を抑えるかといったスキルが重要になります。しかも、顧客満足度を高めながらそれらを遂行する必要があります。更に装置産業のためマネジメントの対象であるヒト、モノ、カネのうち、モノの比重が極めて高いと言えます。モノへの配慮が不足すると急激に訴求力が落ち、一気に顧客満足度を低下させてしまうからです。また、提供するサービスも宿泊のみならず、レストランや一般宴会、ブライダル、売店、テナントなど非常に幅広いため、複雑なオペレーショナルアセット※をマネジメントしなければなりません。このようにホテル旅館業の収益は、経営戦略策定能力とマネジメント能力の巧拙によって決まると言っても過言ではないのです。

　以下、装置産業、労働集約産業の 2 つの視点に分けて、それぞれの特徴を説明しつつ投資の判断基準を見ていきましょう。

3 装置産業の視点による投資の判断基準のポイント

1）不動産としての魅力

①ホテル旅館の不動産価値

　不動産の価格を算定する場合、よく用いられるのが直接還元法とDCF法です。特にホテル旅館は収益物件なので、このどちらかの算出方法によって鑑定評価を行う事例が多く見られます。その際、価格を大きく左右するパラメーターとなるのがキャップレート（ないし割引率）です。詳細は割愛しますが、このキャップレートの動向を見ると不動産の価格は上がる傾向にあるのか、それとも下がる傾向にあるのかが分かります。つまり、キャップレートが上がる場面では不動産価格は下がり、逆に下がる場面では上がります。

　ここでは、年に2回、（株）日本ホテルアプレイザルが実施しているホテルキャップレート・アンケート調査（事業収支前提と賃貸収支前提の2種類）を参考に説明していきます。なお、事業収支前提とは、「自社はホテル旅館を所有経営し、運営会社に運営を委託するスキームにおけるキャップレート」のことで、NCF（ネットキャッシュフロー）＝MCフィー控除後GOP―固定費―建物修繕積立金―FFE※積立金の算式により求められます。一方、賃貸収支前提は、「自社はホテル旅館を所有し、経営会社に賃貸で貸し出すスキームにおけるキャップレート」のことで、NCF（ネットキャッシュフロー）＝賃料収入―固定費―建物修繕積立費（FFE※積立金は賃借人負担が前提）の算式により求められます。

【図表 57】ホテルのキャップレートの推移

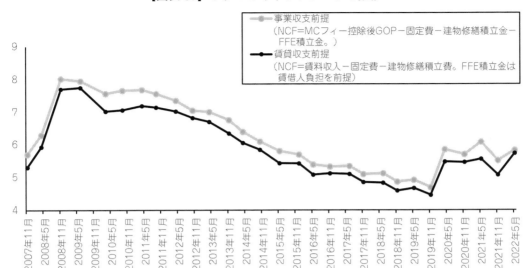

出典：（株）日本ホテルアプレイザルによる第 30 回ホテルキャップレート・アンケート調査（弊社加工）

　上図の通り、2008 年 9 月のリーマンショックによって、キャップレートは一気に 8%まで跳ね上がりました。しかし、その後は景気回復やインバウンド増加などにより継続的に減少し続けます。そして、2019 年末には 2020 年に予定されていた東京オリンピック・パラリンピックや増加の一途をたどるインバウンドを見越してホテル建築ラッシュが続き、キャップレートは 4%台まで下がりました。しかし、ご存じの通り 2020 年 1月以降は新型コロナウイルスの世界的流行により、一気に観光需要およびビジネス旅行など宿泊需要そのものが消失したため、概ね 6%程度と高い水準で推移しています。おそらく多くのホテルが先行きが読めないことから当該調査に回答できなかったであろうことに鑑みれば、実態はさらに高い数値であったかもしれません。

　ちなみに、ジャパンホテルリートの 2022 年 12 月期の予想 NOI（ネットオペレーションインカム）利回りは 2.6%なので、NCF = NOI─資本的支出であることを考慮すると、リートの NCF は更に小さくなると思われます。その主な要因は、ホテル収益が激減する中にあって、賃料収入も減ってしまったこと。つまり、不動産の取得価格が上がっているわけではなく、収入が減少してしまったことが NOI の減少理由なのです。このことから、先に見たアンケート調査結果のキャップレート約 6%とジャパンホテルリートの NOI 利回り 2.6%が大きく乖離していることの説明がつきます。

②ホテル旅館の不動産としての魅力を見出すポイント

　不動産の視点からホテル旅館の魅力を見出すためには、下記の流れに沿ってポイントをチェックするのが有効です。

【図表58】 ホテル旅館の不動産としての魅力を見出すポイント

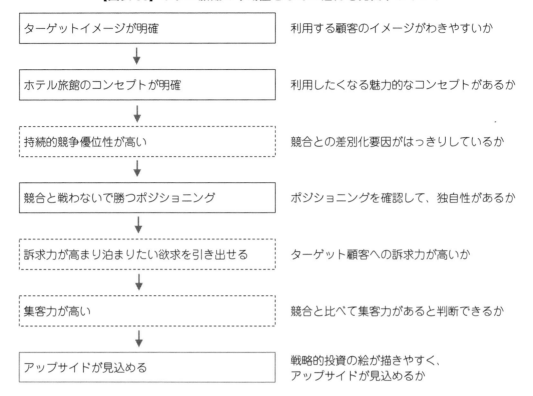

ターゲットイメージが明確	利用する顧客のイメージがわきやすいか
ホテル旅館のコンセプトが明確	利用したくなる魅力的なコンセプトがあるか
持続的競争優位性が高い	競合との差別化要因がはっきりしているか
競合と戦わないで勝つポジショニング	ポジショニングを確認して、独自性があるか
訴求力が高まり泊まりたい欲求を引き出せる	ターゲット顧客への訴求力が高いか
集客力が高い	競合と比べて集客力があると判断できるか
アップサイドが見込める	戦略的投資の絵が描きやすく、アップサイドが見込めるか

③ホテル旅館の不動産としての魅力を見出すポイント（業態別）

　第3章2.「3）新しい業態への転換」で解説したとおり、ホテル旅館には様々な業態があり（図表20）、業態ごとに特性があります。したがって、ホテル旅館の不動産としての魅力を見出すポイントは業態により変わります。

　ホテル旅館の主要な業態について、不動産としての魅力を見出すポイントは、以下の通りです。

【シティホテル、リゾートホテル】

・客室が100室以上

・客室の広さがシングルで20㎡以上

・ベッド回りに機器類が集中しており使いやすい

・非接触型チェックイン、チェックアウト、ルームキーなどIT化が進んでいる

・ダブルやツインなど観光ユースでも利用できる客室タイプの構成比率が高い（タイプ構成比率は立地による）

・街場※と戦えるレストランがある（シェフなどソフト面が大きい。地域住民がよく使うレストランになっている）

・タイプの異なる宴会場があり、MICE※への対応度が高い

・ブライダルは、独立型の専門式場と戦えるハードを持っている

・（リゾートホテルの場合）リゾート感があり非日常・異日常が感じられる

【ビジネスホテル】

・客室が 100 室以上

・客室の広さがシングルで 20㎡以上

・ベッド回りに機器類が集中しており使いやすい

・顧客のスマホで IoT が可能なシステムがある

・非接触型チェックイン、チェックアウト、ルームキーなど IT 化が進んでいる

・ダブルやツインなど観光ユースでも利用できる客室タイプがある（タイプ構成は立地による）

・都道府県の主要都市駅前立地ないしロードサイド立地（高速道路近くなど）

【大中規模の旅館（客室 30 以上）】

・客室が 100 室以上である

・客室のベッド化が進んでいる

・露天風呂付き客室やエグゼクティブフロアーがあるなど高単価の客室がある

・個人客の受け入れに対応できる施設が多い（個人客向けの大宴会場がブッフェ※レストランにリノベーション※されている、パーテーション付きの個室風テーブル配置になっているなど）

・源泉が自家源泉かつ源泉掛け流し（加温加水でも可）

・観光経済新聞による「にっぽんの温泉 100 選」の上位に立地する

【小規模の旅館（客室 30 未満）】

・コンセプトが尖っている（民芸調、古民家風、自然との共生、宿場、里山のオーベルジュ、海辺の別邸など）

・客室数が 20 室前後である

・全室露天風呂付き客室（温泉でなくてもよいが、温泉の方が望ましい）

・客室は和洋折衷となっており、ベッドが設置されている

・レストランは個室（夕食、朝食は個別対応）

・源泉が自家源泉かつ源泉掛け流し

【図表20】 ホテルの業態分類（再掲）

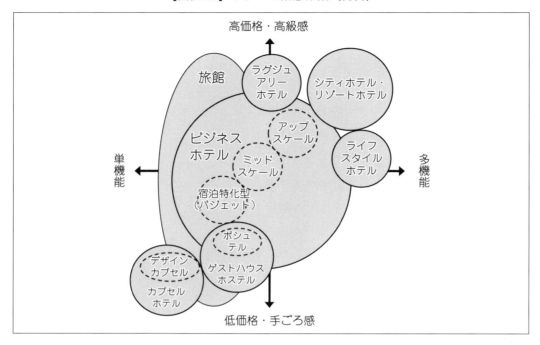

2）設備投資の状況とエンジニアリングレポート※による将来にわたる設備投資

　ホテル旅館は装置産業であることから、計画的かつ継続的な設備投資は必須です。そのためには「現時点までどのような設備投資をどの程度の金額をかけて行ってきたか」、つまり過去の設備投資について詳細に見ておく必要があります。収益の厳しいホテル旅館は、やらなければならない設備投資をしてこなかった可能性が高いからです。そうしたケースでは、将来最低限必要な設備投資金額が膨らむ可能性が高まります。この点を考慮しないでホテル旅館を取得してしまうと、予定していた利回りを確保することは到底できなくなります。

　そこで重要になるのが、エンジニアリングレポート※による長期修繕費用（建物の性能を維持するのに最低限必要な修繕・更新費用の試算）です。この費用（資本的支出も含まれる。）は、最低限必要な設備投資額として必ず考慮する必要があります。

【図表 59】設備投資による性能水準の推移

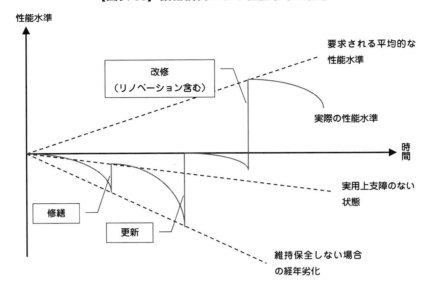

　実際の事業計画には、図表 59 にある「修繕」と「更新」について、向こう 12 年間の概算設備投資金額を示した長期修繕費用計画を盛り込む必要があります。なお、事業価値の算定にはフリーキャッシュフローを使用しますが、その際はこの長期修繕費用計画のキャッシュフローを営業キャッシュフローから控除する必要があります。

　また、戦略的投資である「改修」についても、投資キャッシュフローとして営業キャッシュフローから控除する必要があります。ただし、「改修」はアップサイドにつながる設備投資なので、取得側の戦略や対象ホテル旅館の活かし方によって左右されることに注意が必要です。

　一方、長期修繕費用計画のコストは、それまでの設備投資がしっかりしていれば最小化することができます。だからこそ事業価値算定に大きな影響を与える過去の設備投資を詳細に把握しておくことが重要なのです。

3）市場性の評価

　需要（顧客動向）と供給（競合状況）の視点からホテル旅館が立地する市場性を検証します。一般的に「需要〉供給」の立地であれば、通常の経営で売上は想定以上となり、収益はプラスにぶれます。逆に「需要〈供給」の立地の場合は、普通の経営では売上は想定を下回り、収益に下方圧力がかかります。

　もちろん的確に数値化するのは困難ですが、事前に自分なりの仮説を立ててみることが重要です。具体的には、主に下記の項目について確認することで分析します。

①需要（顧客動向）

・当該立地への入込数推移（一定規模以上あればよい。増加していればなおよい）

・当該立地への宿泊客数・日帰り客数推移（一定規模以上あればよい。増加していればなおよい）

・宿泊者の発地（競争力がある立地は遠方からも集客できる）

・当該立地エリアでの企業活動状況（業種別企業数、生産動向、サービス消費動向など）

・当該立地エリアでの消費動向（家庭調査年報から見た飲食の消費動向など）

・当該立地エリアでの婚姻数推移や挙式割合など（ブライダルがある場合）

・周辺の観光施設や集客施設の稼働状況および利用人数の推移

・交通インフラの状況（1次交通、2次交通。利用人数の推移など）

・主要都市、大消費地からの距離や人的交流動向（企業活動および消費活動）

②供給（競合状況）

・当該立地エリアにおける競合ホテル旅館（軒数、タイプ別客室数、付帯施設などのハード面）

・当該立地エリアにおける競合ホテル旅館の顧客評価（じゃらんなどの口コミ評価と販売価格帯などのソフト面）

・新規ホテル旅館の建設状況

・飲食店（特に宴会ができる飲食店）の軒数や特徴など

・婚礼施設（専門式場やゲストハウスなど）の軒数や特徴など（ブライダルがある場合）

4　労働集約産業の視点による投資・再生の判断基準のポイント

1）収益はマネジメント能力に左右される

　ホテル旅館の経営は、ヒト・モノ・カネ・ノウハウなどの経営資源をマネジメントする能力によって収益の差が非常に大きくなります。今やホテル旅館は、「これまでの経営を踏襲・継続していけば収益が上がる」「顧客満足度を上げることに集中していれば、自然に収益が上がる」という時代ではなくなってきています。環境の変化が大きく、競合ホテル旅館との競争環境も激化する一方です。

　さらにアフターコロナにおいては、顧客の行動様式や思考様式が一変したことにも注目しなければいけません。つまり、マネジメント能力だけではなく、経営戦略策定能力の重要性も非常に高まっているのです。

　マネジメント能力を見るためには、第5章「3. 正常収益力の判断材料となる事業性評価の進め方」で解説したとおり、事業性評価におけるプロセス指標で的確に評価することが重要です。「プロセス指標をよく見て評価することによって、初めてホテル旅館の投資および再生の可否が判断できる」と言っても過言ではないのです。

【図表60】M&A において重視すべき事業性評価の項目（プロセス指標）

事業性評価の評価項目（プロセス指標）	
大分類	**中分類**
経営者	・ 社長の資質 ・ 承継者の有無・資質
組織	・ 組織体制 ・ 人的資源 ・ 人材管理
経営管理	・ 予実管理 ・ 資金繰り管理
マーケティング	・ 施設コンセプト　　・ 販売チャネル管理 ・ プラン造成　　　　・ 広告宣伝 ・ 価格戦略
オペレーション	・ サービス　　　　　・ 施設管理 ・ 仕入　　　　　　　・ 清掃 ・ 調理
施設	・ 客室　　　　　　　・ パブリック ・ 大浴場　　　　　　・ 消耗備品類

なお、M&Aの場合は、当然経営者が変わるので、プロセス指標の「組織、経営管理、マーケティング、オペレーション、施設」がポイントとなります。具体的な評価項目については、本書の巻末に掲載している「事業性評価票」で確認してください。

5 事業再生型（私的整理）M&Aのプロセスと実務

1）アウトライン

　一般的なM&Aの主要タスクとスケジュールは図表61のとおりです。ただし、これはあくまでも全てのプロセスが順調に進んだ場合であり、実際には遅れることが多々あります。具体的には、スポンサー探索や事業再生計画の策定、金融調整、事業再生計画に付随する最終契約書の取り交わしなどに時間がかかるケースが多く見られます。

【図表61】一般的なM&Aの主要タスクとスケジュール

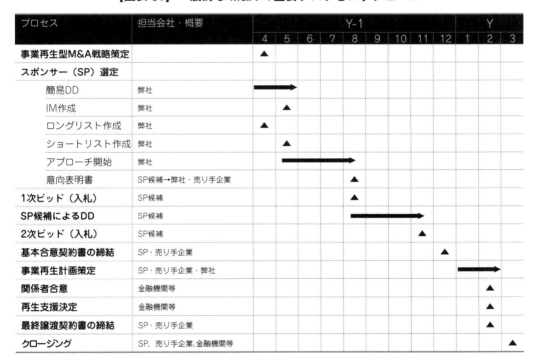

プロセス	担当会社・概要	Y-1									Y		
		4	5	6	7	8	9	10	11	12	1	2	3
事業再生型M&A戦略策定		▲											
スポンサー（SP）選定													
簡易DD	弊社	→→→											
IM作成	弊社		▲										
ロングリスト作成	弊社	▲											
ショートリスト作成	弊社		▲										
アプローチ開始	弊社			→→→									
意向表明書	SP候補→弊社・売り手企業					▲							
1次ビッド（入札）	SP候補					▲							
SP候補によるDD	SP候補					→→→							
2次ビッド（入札）	SP候補								▲				
基本合意契約書の締結	SP・売り手企業									▲			
事業再生計画策定	SP・売り手企業・弊社										→→→		
関係者合意	金融機関等											▲	
再生支援決定	金融機関等											▲	
最終譲渡契約書の締結	SP・売り手企業											▲	
クロージング	SP、売り手企業、金融機関等													▲

2）事業再生型M&A戦略策定

　M&Aを行う際には、事前に「そもそもどのようなタイプのスポンサーであれば対象ホテル旅館の再生に効果的なのか」を明確にしたうえで、M&A戦略を策定しておくことが重要です。例えばFA（フィナンシャル・アドバイザー）※が介入するケースでは、手数料を得ることにのみ注力し、「とにかく買ってもらえる会社を探そう」という風潮になりがちだからです。

　それでも一般企業であれば、スポンサー企業と少々組織風土が違っていたり、シナジー効果を発揮する戦略の目線が違っていても、PMI（ポスト・マージャー・インテグレ

ーション）※において軌道修正をすることは可能です。しかし、再生企業の場合は、これが命取りになるケースが多々あります。しかも、そのリスクは再生企業だけではなく、スポンサー企業の経営にも大きなダメージを与えかねないので、十分注意してください。

　なお、事業再生型の M&A 戦略策定のアウトラインは、図表 62 のとおりです。

【図表 62】 事業再生型の M&A 戦略策定のアウトライン

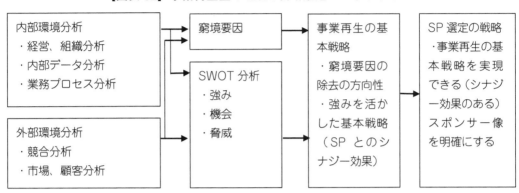

①内部環境分析

具体的な分析項目は、以下の通りです。

・経営、組織分析（経営理念や戦略、マネジメント、財務分析など経営・組織にかかる項目について調査、分析を行います）

・内部データ分析（館別損益、客室稼働率、客室単価、客単価、チャネル別売上、発地別売上など、当社がどこで稼いで、どこで損失を出しているのかを分析します。また、これらの要因を明らかにして収益改善の課題を明確にします）

・業務プロセス分析（販売・マーケティング、調理、サービス、施設管理などのオペレーションについて、それぞれ強みと弱みを試泊による実査で明らかにします。また、顧客アンケートを分析することでサービスの品質を検証します。これらから収益改善を実現するためのオペレーション改善の課題を明確にします）

②外部環境分析

　まず立地するエリアにおける競合分析を行います。競合ホテル旅館を抽出し、主として口コミ評価と販売価格帯の２軸でのポジショニング分析を行い、対象ホテル旅館の当該エリアにおけるポジションを把握し、競争優位性を明らかにします。

　次に市場・顧客分析ですが、これについてはホテル旅館市場のマクロ分析にとどまらず、当該エリアの入込数や宿泊数の推移、企業活動や消費動向などを明らかにすることで、市場の持つポテンシャルを明らかにします。

③窮境要因と強み

　内部および外部環境分析により、対象ホテル旅館が過剰負債や収益低下に陥った主な問題点（窮境要因）を明らかにします。窮境要因は通常3つから5つ以内に集約されます。当然ですがこの窮境要因を除去できなければ事業再生はできません。

　その一方で、対象ホテル旅館の強みを明らかにすることも、事業再生における重要なポイントと言えます。厳しい状況を打破するためには、「競合と比べて優位にある強みを活かす」、あるいは「強みを活かしながら競合と戦わないポジショニングを選択する」ことができるかどうかが事業再生の鍵を握っています。

④事業再生の基本戦略

　窮境要因を除去する方向性に則って、対象ホテル旅館が持つ強みを活かした独自のポジショニングをとる基本戦略を明確にします。この基本戦略とスポンサー企業の強みとのシナジー効果が必要になります。通常、再生企業には「大幅な設備投資ができない」「卓越したマーケティングノウハウ、競合に勝てるマネジメントシステムを持っていない」などの弱みがありますが、スポンサーの経営資源を活かすことで、これらを一気に解決しようというわけです。つまり、スポンサーと経営資源とのシナジー効果を最大限活かす基本戦略が必要不可欠なのです。

⑤スポンサー選定の戦略

　まずはスポンサーをタイプ別にセグメント化します。その上で、上記を踏まえて「対象ホテル旅館の事業再生に当たって、どのタイプのスポンサーが事業再生の基本戦略を活かせるか、さらにアップサイドが一番見込めるのか」を検討します。

　次いで、上記タイプに適合したスポンサー候補をロングリストに挙げて、ネームクリアをかけていくことになります。

3）スポンサー探索、1次ビッド

　まず、対象ホテル旅館および金融機関などに対してロングリストを提示します。対象ホテル旅館および金融機関は、これまでの取引関係やスポンサーに譲渡することを知られてしまうことによるリスクなどの観点から、アプローチしないでほしいスポンサー候補を消し込むネームクリアを行います。その結果、残ったスポンサー候補のリストがショートリストとなります。

　ビッドを行うに当たっては、ノンネームシート※を作成してスポンサー候補にタッピング※していきます。タッピング状況については、随時対象ホテル旅館と金融機関と共有します。タッピングの状況が芳しくない場合は、タッピング先を増やすためネームクリアした上でロングリストを作り直します。

　その結果、ノンネームシートに興味を持ったスポンサー候補が現れたら、そのスポン

サー候補に対して NDA を締結した上で、IM（インフォメーションメモランダム）※を開示します。

IM をベースにスポンサー候補企業内で検討し、ビッドに参加する意向を決めたスポンサーには、意向表明書（LOI、Letter of Intent）を提出してもらいます。この意向表明書に法的拘束力はありませんが、多くの場合、大凡の買収価格が提示されています。

次に1次ビッドに参加したスポンサー候補企業から提出された意向表明書から数社に絞り込みます。具体的には「スポンサー選定の戦略に適合しているか」「買収価格に経済合理性があるか」といった観点から選考します。

4）デューデリジェンス

1次ビッドで選考されたスポンサー候補企業は、デューデリジェンスに入ります。通常は、財務デューデリジェンス、法務デューデリジェンス、事業デューデリジェンス、施設・設備デューデリジェンスを行います。

財務デューデリジェンスでは、決算書および会計帳票をもとに、財務会計上の修正や固定資産の時価評価をすることで実態貸借対照表を作成します。非経常的な売上や経費を控除することで算出される正常収益力などが、主な分析項目となります。

法務デューデリジェンスでは、法人としての適格性や取引にかかる契約内容、許認可などについて調査を行います。また、簿外債務や法律違反、契約違反など対象ホテル旅館の事業価値に影響を与える項目についても調査します。具体的には、買収した後の事業計画に影響を与えかねない取引や契約、あるいは従業員に関して問題がないかどうかを調査します。特にチェンジオブコントロール条項（一方の当事者に経営権・支配権の変更・異動が発生した場合に、契約内容に制限を設けたり、もう一方の当事者によって契約解除を可能にする条項）が入っている取引契約がある場合は、取引そのものができなくなる可能性があるので要注意です。また、労働問題にも注意が必要です。昨今は従業員の意識も高まっているので、過去に労働争議や残業未払い、見なし管理職などの問題がなかったかを調査します。

施設デューデリジェンスでは、建築士や設備業者などが「対象ホテル旅館の建築や設備に大きな瑕疵や、事業を継続する上で施設上の問題がないかどうか」を調査します。ホテル旅館は大規模な建物や複雑な建物が多いため、見えないところに事業継続上致命的なリスクがある場合も少なくありません。例えば、給排水や空調の管、水漏れや壁のクラックなど、細部まで細かく調査する必要があります。実際、これらの不具合や問題箇所が事業価値に大きな影響を与え、結果的に買収価格を下げる要因となった例は少なくないのです。

5）2次ビッドおよび最終意向表明書、基本合意書

候補企業は、デューデリジェンスを踏まえて、意向表明書で提示した買収価格などを

修正し、最終意向表明書を提示します。なお、最終意向表明書には、最終の買収価格以外に買収のスキーム（株式譲渡や事業譲渡、会社分割など）、取得後の運営方針、対象ホテル旅館の経営者の処遇なども明示してもらいます。

　こうして各社から提示された最終意向表明書を元に、1 社に絞り込みます。絞り込みに当たっては、価格のみならず取得後の運営方針などが対象ホテル旅館の事業再生を実現できるかどうかなどの観点から絞り込みます。その際、法的拘束力はありませんが、最終のスポンサー候補に対して基本合意書（MOU、Memorandum of Understanding）を締結する場合があります。ただし事業再生の場合は、時間が限られているため、そのまま最終契約書の締結に入ることが多いようです。

6）最終契約

　事業再生計画の策定と平行して、あるいは先行して最終契約書の内容を詰めていきます。通常は下記の内容について決めていくことになります。

①譲渡のスキーム：事業譲渡、会社分割、株式譲渡などのスキーム及び譲渡対象資産など

②譲渡価格および条件：具体的な買収価格、対価の支払い条件、従業員や契約、許認可、取引など事業運営に必要なものの承継

③クロージング前提（Condition precedent）：クロージングするに当たって解決しなければならない条件（事業再生計画の金融機関の合意を含む）

④クロージング：クロージング時期、クロージング時に引き渡すもの、ポスクロ条項

⑤清算にかかる協力：旧会社を特別精算するため、買い手にとって不利にならないようにする

⑥表明保証：一定の事項が真実であり正確であることを表明、場合によってはキャッシュ・プーリングの導入も

⑦終了・解除

　通常は、売り手および買い手の弁護士によるマークアップを繰り返すことで決定していきます。ただし事業再生型 M&A の場合は、「債権カットが絡むため金融機関の意向も反映させなければならない」「旧会社は残余資産の処分後、特別精算されるため、買い手からすると何かあった場合に損害賠償を求める法人そのものがなくなってしまう」など、特殊なハードルが少なくないため非常に手間がかかり、粘り強い交渉が必要になります。

7）事業再生計画

　売り手のホテル旅館が専門家の力を借りながら策定します。具体的には、売り手側の

事業デューデリジェンスおよび財務デューデリジェンスを踏まえて、スポンサーに事業を譲渡するスキームを前提に事業再生計画を策定します。事業再生計画に盛り込むべき項目は下記のとおりです。

【図表 63】事業再生計画の項目

事業再生計画　目次

I. はじめに

II. 会社の概要

III. 財政状態及び経営成績の推移

    1. 財政状態の推移

    2. 経営成績の推移

    3. 実質純資産額

IV. 窮境原因

V. 再生計画

    1. 再生計画の概要

    2. スキーム図

    3. 移転対象不動産

VI. スポンサー選定の合理性

VII. 経営者責任、株主責任、保証責任

VIII. 経済合理性

IX. 対象債権者へのご依頼事項

X. スケジュール

【添付資料】

資料1　借入金明細

資料2　担保割付表

資料3　保全状況、債務免除額試算

資料4　事業譲渡時想定貸借対照表

資料5　本再生計画による回収見込額と主たる債権者及び保証人が破産した場合の回収見込額の内訳

8）金融機関合意

　金融機関には債権カットを認めるなど、それ相応の血を流す必要があるので、「地域経済のためにも残すべき事業」という理念も重要ですが、それ以上に経済合理性が合意のための大きなポイントとなります。それを図で示すと、図表 64 のようになります。

【図表 64】金融機関が合意できる経済合理性

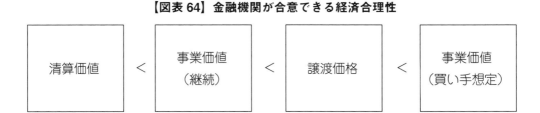

```
┌──────────┐     ┌──────────┐     ┌──────────┐     ┌──────────┐
│          │     │  事業価値  │     │          │     │  事業価値  │
│  清算価値  │  <  │  （継続）  │  <  │  譲渡価格  │  <  │ （買い手想定）│
│          │     │          │     │          │     │          │
└──────────┘     └──────────┘     └──────────┘     └──────────┘
```

　当然ですが、実態貸借対照表にもとづいて算出される清算価値を譲渡価格が下回ることは絶対にあり得ません。物上保証の金額よりも下回った価格で譲渡するということは、金融機関が損をして譲渡することを承諾したことを意味するからです。そうなると、税務上はもちろんですが、株主対応上も問題があります。

　「事業価値（継続）」とは、現経営者が継続して経営した場合の成り行きの事業価値のことです。そこに資金余力のある買い手のスポンサーが介在することで、戦略的設備投資が行われたり、独自のマネジメントシステムやマーケティングノウハウをもとにアップサイドが図られるわけです。その買い手が想定する事業価値が、譲渡価格の最大金額ということになります。したがって、売り手側は「事業価値（継続）」と「事業価値（買い手想定）」の間で、金融機関のかかる経費や内部的な思惑を踏まえたうえで、提示された譲渡価格が適正かどうかを判断することになります。

9）クロージング

　クロージングに向かって前提条件（CP）を一つ一つ潰していくことになります。具体的には、以下の論点が中心になります。

・旅館の場合は、温泉権の承継（外部への譲渡が難しいケースが多い）

・従業員への告知とスムーズな承継

・事業譲渡の場合は、全ての契約（リース契約含む）、エージェントなどとの取引、許認可の承継。一度解約したうえで、スポンサー名でまき直しをする必要があるなど、非常に手間がかかる。ポスクロ条項が設けられている場合もあり、クロージング後も真摯な対応が必要となる。

・事業再生型 M&A の場合は、旧会社の特別精算があるため、売り手は特別精算の

手続き、買い手側は瑕疵があれば請求するなどの対応が必要となる。

10）EBITDA 最大化を実現するスポンサー型事業再生計画策定のポイント
①競合と戦わないで勝つポジショニングの設定

前述した通り、競争戦略の肝は「戦わないで勝つ」ことです。しかし、事業再生を行うホテル旅館の場合、経営資源に限りがあるし、資金的な問題から時間も限られているため、自主再建では「戦わないで勝つ」ポジションにシフトできないケースがほとんどです。しかし、スポンサーへ譲渡する事業再生のスキームを使えば、上記の戦略を実現することが可能になります。もちろんスポンサーにもいろいろなタイプがあるので一概には言えませんが、一般的に事業再生型 M&A による競争戦略のポイントは、「現在のポジションから戦わないで勝つポジションに移行できるかどうかにかかっている」と言っても過言ではないのです。

例えば、図表 65 のようなポジションにあるホテルがあるとします。これはあるエリアにあるホテルを、旅行サイトに掲載されている口コミの評点と宿泊料金でマッピングしたものです。

【図表 65】G ホテルのポジショニング

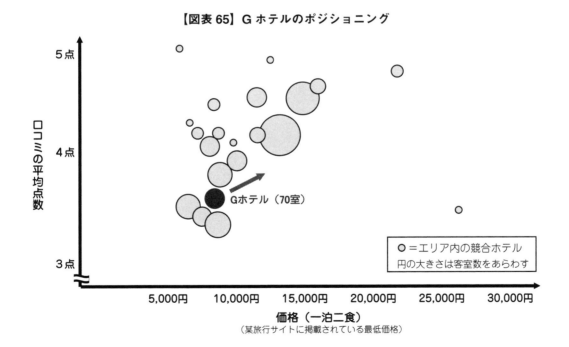

対象の G ホテルは、価格帯も安く、口コミ評価も相対的に低く、当該エリアにおいて下位グループに属していることが分かります。一方、施設の老朽化が進んでいるとは

言え、海沿いに立地し全室オーシャンビューになっていることは、他の競合にはない強みと言えます。更に、経営者は高齢化しているものの、部門長クラスの従業員のマネジメント力は高く、サービスの品質も良好です。したがって、コンセプトを見直し、その上で適正な戦略的設備投資を実行すれば独自性あるポジショニングをとることができそうです。

　具体的には、図表 66 のフレームワークによってコンセプトを再構築することになります。

【図表66】Gホテルが再構築したコンセプト

		宿泊	レストラン	婚礼	アクティビティ
経営理念		お客様とスタッフ、地域住民とのつながりを大切にします			
経営のビジョン		お客様と地域住民との交流の場を創造し、人とのつながりにおいて事業機会を継続的に生み出します			
ターゲットとベネフィット	ターゲット	30代～50代女性がメインターゲットだが、独身者や夫婦二人、ファミリーなど家族形態は様々	30代～50代の女性。第一次子離れ世代で、時間がありお金にも不自由していない カルチャー教室などで趣味を楽しんでいる	エリア：○○市を中心に半径20Km圏内 20代～30代の普通のサラリーマン夫婦が、少しだけ背伸びして比較的近いリゾート地でウェディングをしたい	エリア：○○市を中心に半径20Km圏内 女性をターゲットとしたヨガやエステ、ボールウォーキングやイラビクス、陶芸など多彩なアクティビティを提供している
	ベネフィット	女性がゆったりと過ごせる、日常に少し疲れていてもこのホテルに宿泊することでもと元気を取り戻せる	落ち着いた雰囲気、趣味の会合の後にのんびり寛げる 特別な雰囲気、美味しい料理、地元食材、ソムリエによるワインなどが楽しめる	盛大にかつ豪華ではなく、シンプルだがリゾート地の少しだけ非日常的な雰囲気の中で特別な時間を過ごせる、そして自分なりのウェディングが出来る 友人などものんびり過ごしてもらいたい	住居地から近いものの非日常的な雰囲気の中で特別な時間を過ごせる、自分らしく健康を楽しみながら、自分らしく生きるきっかけを得られる
Gホテルのありたい姿		地域住民や観光でお楽しむお客さまが、交流をしながら笑顔で過ごせるホテルになりたい 女性が生き生きとなれるきっかけ作りが出来るホテルになりたい			

持続的競争優位（コア・コンピタンス）

(他社がまねのできない強み)
・海を眼前にした絶景に臨むリゾートホテル
・専門性を備えたスタッフによる、高品質のサービス
・多様なニーズへの対応力と提案力（潜在的）
・宴会場や会議室、レストラン、カフェなど多機能な施設を保有
(経営資源)
・人材：ソムリエ。和洋の料理人、サービスレベルの高いスタッフ
・施設：広い宴会場、豊富な客室（特にシングルルーム）、景色の良いレストラン、大型バス
・ソフト面：地域密着度

		宿泊	レストラン	婚礼	アクティビティ
Gホテルのコンセプト		「女性が輝く、都市から一番近いリゾートホテル」			
サービス指針		1. 私たちは、お客様へ心のこもったおもてなしと快適さを提供いたします。 2. 私たちは、お客様の心を先読みしておもてなしするサービスをいたします。			
サービスポリシー		・バスは大きく清潔、洗面台も大きく清潔でありデザイン性も高い ・アメニティが充実している ・動きやすい部屋着がおしゃれである	・明確なコンセプト及び料理ジャンル、名物料理、地元食材 ・個室のある客席、良い雰囲気 ・長いランチ営業で時間を気にせず寛げる	・利用シーンに応じたプランの提供 ・安価から高付加価値プランまで幅広い品揃え、コンパクト婚など ・チャペル、神社の挙式プラン、衣装の多様な選択肢	・女性が美しくなれる、健康になれる、このために必要な高品質なサービス ・ヨガを中心として自宅に帰ってでも継続性が保てるアクティビティを提供

　図表 66 のとおり、G ホテルはそれまでのコンセプトを見直して『女性が輝く、都市から一番近いリゾートホテル』という新しいコンセプトを再構築しました。それをもとに、以下のような設備投資を行うことで独自性のあるポジションを確立し、結果的に事業再生を図ることができたのです。

②コンセプトの再構築と設備投資による収益改善

　コンセプトを再構築しても、それに見合うスポンサーの設備投資がなければ事業再生は不可能です。G ホテルは、『女性が輝く、都市から一番近いリゾートホテル』という新しいコンセプトに沿って、とにかく女性が楽しめるホテルに変えるような戦略的設備投資を行いました。

　G ホテルのエントランスを入ってすぐのロビーは、ホテルの前にある海がガラス越しに目に飛び込んでくる絶好の眺望を誇ります。これを活かすため、ロビーに飾っていた絵画や彫刻などの FF&E※を撤去し、売店も移転することで、ロビーをすっきりとした空間に変えました。どんなに美しい絵画も、G ホテルのロビーの目の前に広がる海にはかないません。G ホテルを訪れるお客様の目をいちばん癒すのは、絵画や彫刻ではなく目の前に実際にある海であることを再認識して、エントランスロビーをすっきりとした空間にしたのです。さらに、ロビーのガラス越しに見える庭にガーデニングを施すことで、晴れた日にはベンチに座って潮の香りを楽しむことができるようにしました。

　客室も女性向けに、特に水回りを一新して、洗面台も通常より大きなものに変えました。ベッドが二つあり、女性同士がおしゃべりできるスペースを設けて、くつろげるしつらえとしました。

　また、これまでも行ってきたヨガがこれまで以上楽しめるようにスタジオを一新して、庭のガーデニングと一体化になるスタジオにしました。晴れた日には庭でもヨガができるようにしたわけです。

　こうしたリノベーションによってアップサイドを図ることで、G ホテルは見事に事業再生を実現させたのです。

「ホテル旅館の
　事業性評価シート」

●この章のポイント●

ここでは、ホテル旅館の事業性評価に使う実際のツールの
様式を提示します。全評価項目をリストにした「事業性評
価票」と、評価結果を表示する「事業性評価結果」のシー
トがあります。「事業性評価票」は、「旅館（客室 30 以
上）用」「旅館（客室 30 未満）用」「ビジネスホテル用」
「シティホテル・リゾートホテル用」の 4 種類あります。

　1.「事業性評価票」旅館（客室 30 以上）用
　2.「事業性評価票」旅館（客室 30 未満）用
　3.「事業性評価票」ビジネスホテル用
　4.「事業性評価票」シティホテル・リゾートホテル用
　5.「事業性評価結果」のシート（4 業態共通）

1 「事業性評価票」 旅館（客室 30 以上）用

項目 ID	評価項目			評価基準			（参考）指標分類
	大分類	中分類	詳細	3点（良い）	2点（普通）	1点（悪い）	
1	投資・財務活動	投資	適正な設備投資ができているか？	毎期の設備投資が総売上高の2％以上あり、過去10年に総売上高の10％以上の大規模投資をしている	毎期の設備投資の規模が総売上高の2％以上ある	毎期の設備投資の規模が総売上高の2％に満たない	結果指標
2	投資・財務活動	借入	有利子負債が年商に対して大きすぎないか？	有利子負債対年商倍率※が1倍未満である	有利子負債対年商倍率※が1倍以上2倍未満である	有利子負債対年商倍率※が2倍以上である	結果指標
3	収益力	売上	施設規模に相応しい売上があるか？	1室あたり総売上が1,000万円以上である	1室あたり総売上が700万円以上1,000万円未満である	1室あたり総売上が700万円未満である	結果指標
4	収益力	売上	客室が充分に稼働しているか？	客室稼働率が70％以上である	客室稼働率が50％以上70％未満である	客室稼働率が50％未満である	結果指標
5	収益力	売上	売上の大幅な減少はないか？	直近3年の売上成長率がマイナスでない	直近3年の売上成長率が▲5％以上0％未満である	直近3年の売上成長率が▲5％未満である	結果指標
6	収益力	コスト	料理材料の仕入コストは適正か？	料理材料の対売上比率が20％未満である	料理材料の対売上比率が20％以上23％未満である	料理材料の対売上比率が23％以上である	結果指標
7	収益力	コスト	人件費・外注費は適正か？	人件費比率（外注費含む）が30％未満である	人件費比率（外注費含む）が30％以上35％未満である	人件費比率（外注費含む）が35％以上である	結果指標
8	収益力	コスト	水道光熱費は適正か？	水道光熱費率が7％未満である	水道光熱費率が7％以上9％未満である	水道光熱費率が9％以上である	結果指標
9	収益力	利益	利益率は適正か？	償却前営業利益※率が15％以上である	償却前営業利益※率が5％以上15％未満である	償却前営業利益※率が5％未満である	結果指標
10	経営者	社長の資質	改善に向けた社長の意欲は？	社長に改善への大変強い意欲がある	社長に改善への意欲がみられる	社長に改善への意欲がみられない	プロセス指標
11	経営者	社長の資質	社長自身の経験・知見を意思決定に活かしているか？	社長には自信をもって経営に活かせる充分な経験や知見があり、常にそれに基づき意思決定している	社長は自身の経験や知見に基づき意思決定している	社長は主に他者の進言に基づき意思決定している、または、社の方針決定にあまり関与していない	プロセス指標
12	経営者	社長の資質	社長は従業員とコミュニケーションを取ったり他者の意見に耳を傾けたりするか？	社長は日常から積極的に従業員とコミュニケーションを取ったり他者の意見に耳を傾けたりしている	社長は時々従業員とコミュニケーションを取ったり他者の意見に耳を傾けたりしている	社長が従業員とコミュニケーションを取ったり他者の意見に耳を傾けたりすることはない	プロセス指標
13	経営者	社長の資質	社長は決定事項を浸透させる方策を自ら主体的に講じるか？	会議で決めたことを従業員に浸透させるため、社長が主体的に方策を講じたり、PDCA※を社長が自ら率先して回したりしている	会議で決めたことを従業員に浸透させる意思があるが主体的に具体策を講じることはない、または、他者に命じている	会議で決めたことを従業員に浸透させる方策は特段講じていない	プロセス指標
14	経営者	承継者の有無と資質	経営者としての資質がある承継者はいるか？	承継者がおり、その承継者に経営者としての資質がある	承継者がいるが確実性がない、またはその承継者に経営者としての資質がない	承継者がいない	プロセス指標

項目ID	評価項目			評価基準			(参考)指標分類
	大分類	中分類	詳細	3点(良い)	2点(普通)	1点(悪い)	
15	組織	組織体制	売上規模に応じた組織図になっているか？（部門と階層の数が売上規模に相応しいか）	部門の数、階層の数ともに無理・無駄のない組織で、かつ独自の工夫が講じられている	部門の数、階層の数ともに無理・無駄のない一般的な組織である	部門の数や階層の数に無理・無駄がある	プロセス指標
16	組織	組織体制	部門長の役割と機能が明確か？明文化されているか？	部門長の役割と機能が明確かつ明文化されている	部門長の役割と機能が明確である	部門長の役割と機能が明確でない	プロセス指標
17	組織	組織体制	指示命令系統（報連相）が明確か？従業員が理解しているか？	指示命令系統（報連相）が明確かつ明文化されて従業員に周知されている	指示命令系統（報連相）が明確で従業員が理解している	指示命令系統（報連相）が明確でない	プロセス指標
18	組織	組織体制	経営者と幹部の会議体が機能しているか？	経営者と幹部の会議体があり、経営上の意思決定について議論している	経営者と幹部の会議体があるが、経営上の意思決定が議題に上らない場合もある	経営者と幹部の会議体はない、または、形骸化している	プロセス指標
19	組織	組織体制	各部門のミーティングが毎日開催され、機能しているか？	各部門で毎日ミーティングが開催され、伝達のほか、教育や意見を述べる場として機能している	各部門で毎日ミーティングが開催されている	各部門でのミーティングは不定期である、または開催されていない	プロセス指標
20	組織	人的資源	部門長にマネジメントスキル・人望があるか？	複数の部門長にマネジメントスキルがあり、部下とのコミュニケーション能力も高く人望が厚い	一定のマネジメントスキルをもつ部門長がいる	一定のマネジメントスキルをもつ部門長がいない	プロセス指標
21	組織	人的資源	リーダークラス以上に、主体的に改善に取り組める優秀な従業員がいるか？	主体的に改善に取り組めるリーダークラス以上の従業員がおり、特筆すべき優秀な人材である	主体的に改善に取り組めるリーダークラス以上の従業員がいる	主体性のある従業員はいない	プロセス指標
22	組織	人材管理	従業員のモチベーションを維持向上する人事制度が整っているか？	頑張りを報酬に反映する評価制度（賞与・昇給等）がある	一般的な給与水準があり、福利厚生が整っている	給与水準や福利厚生が一般的な水準を下回る	プロセス指標
23	経営管理	予実管理（全体・売上）	月次決算（部門別）が速やかにできているか？月次で予実差異分析が行われ、幹部が活用しているか？	試算表（部門別）が翌月の中旬までに作成され、月次で予実差異分析が行われて幹部が方策の検討に活用している	期中に予実差異分析が行われて幹部が方策の検討に活用しているが、タイミングが遅い（試算表（部門別）が作成されるのが翌月の中旬以降になる）	期中に予実差異分析が行われていないか、不十分である（幹部が活用していない、部門別損益が把握されていない　など）	プロセス指標
24	経営管理	予実管理（コスト）	主要な費目の動向を管理しているか？（原価、人件費、水道光熱費、修繕費、支払手数料、広告宣伝費など）	主要な費目の増減を把握し、予算と比較した上で、問題があればすぐに対処している	主要な費目の増減を把握している	主要な費目の増減を把握していない	プロセス指標
25	経営管理	予実管理（コスト）	調理場が仕入コストの適正化に取り組めるよう、実際原価率を把握し活用しているか？	実際原価率を把握して月次で調理場と共有し、調理場がそれに基づいてロスや材料費変動を認識して仕入コストの適正化に取り組んでいる	実際原価率を把握して調理場と共有している	実際原価率を調理場と共有していない	プロセス指標
26	経営管理	資金繰り管理	資金繰りの見通しが管理されているか？	向こう半年間の予想資金繰り表が作成されている	資金繰り表が作成されている	資金繰り表が作成されていない	プロセス指標
27	マーケティング	コンセプト	ターゲットは明確か？シーズンごとに設定しているか？	シーズンごとに優先すべきターゲットが明確である	ターゲットが明確であるがシーズンごとの区別はしていない	ターゲットが明確でない	プロセス指標

項目ID	評価項目			評価基準			(参考)指標分類
	大分類	中分類	詳細	3点 (良い)	2点 (普通)	1点 (悪い)	
28	マーケティング	コンセプト	コンセプトは明確か？ターゲットにとって喜ばれるものか？	コンセプトが明確かつターゲットにとって喜ばれるものになっている	コンセプトがあるがターゲットのニーズにマッチしていない	コンセプトが明確でない	プロセス指標
29	マーケティング	プラン造成	プラン造成に独自性があるか？	競合会社にはない独特なプランがある	競合会社並みの、地域性を活かしたプランがある	プランに独自性がない	プロセス指標
30	マーケティング	価格戦略	価格戦略があるか？	販売価格にシーズナリティ※を持たせており、売上への影響を把握して価格戦略に反映している	販売価格にシーズナリティ※を持たせている	販売価格のコントロールは実施していない	プロセス指標
31	マーケティング	広告宣伝	自社HPは広告宣伝媒体として優れているか？	自社HPはWebサイトとして最新の機能・デザイン・コンテンツを備えており、自社の売りが明確にアピールされている	自社HPは一般的なコンテンツを備えている（予約機能・プラン情報・施設の特長等）	自社HPのコンテンツが不十分（予約機能・プラン情報・施設の特長等に欠ける）、または存在しない	プロセス指標
32	マーケティング	販売チャネル管理	販売チャネル別の販売計画があり、予実差異分析が行われているか？	販売チャネル別の販売計画があり、予実差異分析が行われている	販売チャネル別の販売計画が作成されている	販売チャネル別の販売計画は作成されていない	プロセス指標
33	マーケティング	販売チャネル管理	リアルエージェント※への依存度が高くないか？	リアルエージェント※経由の売上構成比率が40%未満である	リアルエージェント※経由の売上構成比率が40%以上60%未満である	リアルエージェント※経由の売上構成比率が60%以上である	プロセス指標
34	マーケティング	販売チャネル管理	OTA※（オンライントラベルエージェント）を活用しているか？	OTA※経由の売上構成比率が25%以上である	OTA※経由の売上構成比率が10%以上25%未満である	OTA※経由の売上構成比率が10%未満である	プロセス指標
35	オペレーション	仕入	仕入業者に相見積もりを取っているか？	既存品目についても1年～数年程度で仕入業者の相見積を取り業者入替を検討している	新たな仕入品目の仕入業者選定にあたっては相見積を取っている	新たな仕入品目の仕入業者選定の際も相見積を取ることはない	プロセス指標
36	オペレーション	仕入	仕入を調理場に任せず、経理や用度※が関わっているか？	日常の仕入に経理や用度※が関わっている	日常の仕入は調理場が行うが、契約行為（新規仕入先との契約、既存業者との基本契約の更新等）には経理や用度※が関わっている	仕入は全て調理場の判断で行っている	プロセス指標
37	オペレーション	調理	夕食の質はどうか？（季節感・地の食材の活用・味付け・目を引く盛り付け・料理を引き立てる器）	夕食は大変良好である（季節感・地の食材の活用・味付け・目を引く盛り付け・料理を引き立てる器）	夕食は概ね良好である（季節感・地の食材の活用・味付け・目を引く盛り付け・料理を引き立てる器）	夕食に気になる点がある（季節感がない・地の食材がない・味付けが悪い・盛り付けや器が凡庸など）	プロセス指標
38	オペレーション	調理	朝食の質はどうか？（季節感・地の食材の活用・味付け）	朝食は大変良好である（季節感・地の食材の活用・味付け）	朝食は概ね良好である（季節感・地の食材の活用・味付け）	朝食に気になる点がある（季節感がない・地の食材がない・味付けが悪いなど）	プロセス指標
39	オペレーション	調理	ご飯や味噌汁、漬け物が美味しいか？	ご飯や味噌汁、漬け物に特にこだわりがある	ご飯や味噌汁、漬け物が美味しい	ご飯や味噌汁、漬け物は凡庸である	プロセス指標
40	オペレーション	サービス	スタッフのサービスレベルはどうか？（言葉遣い・挨拶・笑顔・親しみ・気配り）	スタッフのサービスレベル（言葉遣い・挨拶・笑顔・親しみ・気配り）は大変良好である	スタッフのサービスレベル（言葉遣い・挨拶・笑顔・親しみ・気配り）は概ね良好である	スタッフのサービスに気になる点がある（言葉遣いが悪い・挨拶ができていない・笑顔や親しみや気配りがなく事務的など）	プロセス指標

項目ID	評価項目			評価基準			(参考)指標分類
	大分類	中分類	詳細	3点(良い)	2点(普通)	1点(悪い)	
41	オペレーション	サービス	フロントの対応はどうか？（案内や説明の的確さ、要望に真摯に対応する姿勢、フロントが受けた要望の他部署への伝達）	フロントの対応（案内や説明の的確さ、要望に真摯に対応する姿勢、フロントが受けた要望の他部署への伝達）は大変良好である	フロントの対応（案内や説明の的確さ、要望に真摯に対応する姿勢、フロントが受けた要望の他部署への伝達）は概ね良好である	フロントの対応に気になる点がある（案内や説明が分かりにくい、要望に真摯に答えない、フロントが受けた要望が他部署へ伝わっていない、など）	プロセス指標
42	オペレーション	サービス	食事のサービスはどうか？（スタッフの夕食の説明力、料理提供のタイミングの的確さ、サービスの動きの良さ）	食事のサービス（スタッフの夕食の説明力、料理提供のタイミングの的確さ、サービスの動きの良さ）は大変良好である	食事のサービス（スタッフの夕食の説明力、料理提供のタイミングの的確さ、サービスの動きの良さ）は概ね良好である	食事のサービスに気になる点がある（スタッフに夕食の説明ができない、料理提供のタイミングが食事のスピードに合っていない、サービスの動きが悪いなど）	プロセス指標
43	オペレーション	清掃	客室の居心地（居室や水回りの清潔さ、備品類の整頓・空気の清々しさ）は良いか？	客室の居心地（居室や水回りの清潔さ、備品類の整頓・空気の清々しさ）は全体的に評価に値する快適さである	客室の居心地（居室や水回りの清潔さ、備品類の整頓・空気の清々しさ）は全体的に一般的なレベルである	客室の居心地において気になる点がある（ゴミやほこり、水回りの汚れや傷み、備品類の乱雑な設置、臭いなど）	プロセス指標
44	オペレーション	清掃	客室の洗面台やバスの水の出は良いか？	客室の洗面台やバスの水の出は快適である	客室の洗面台やバスの水の出において特に不便は生じない	客室の洗面台やバスの水の出が悪い	プロセス指標
45	オペレーション	清掃	パブリックスペースのカーペットや壁は綺麗か？	パブリックスペースのカーペットや壁の汚れ・傷みがなく大変清潔感がある	パブリックスペースのカーペットや壁の汚れ・傷みがない	パブリックスペースのカーペットや壁に汚れ・傷みがある	プロセス指標
46	オペレーション	清掃	大浴場は全般的に清潔に保たれているか？（天井、床、浴槽、カラン周り、脱衣場など）	大浴場は全般的に大変清潔に保たれている	大浴場は全般的に清潔に保たれている	大浴場に汚れや傷みが見られる箇所がある（天井、床、浴槽、カラン周り、脱衣場など）	プロセス指標
47	オペレーション	施設管理	館内の居心地（調度品や備品類の美しさ、照明・空調・空気の清々しさ）は良いか？	館内の居心地（調度品や備品類の美しさ、照明・空調・空気の清々しさ）は全体的に評価に値する快適さである	館内の居心地（調度品や備品類の美しさ、照明・空調・空気の清々しさ）は全体的に一般的なレベルである	館内の居心地において気になる点がある（調度品や備品類の傷み、照明や空調の強弱・空気の淀みなど）	プロセス指標
48	施設	客室	客室の広さと眺望は価格相応か？	客室の広さ・眺望は全般的に価格に比して良い印象である	客室の広さ・眺望は全般的に価格相応の印象である	客室の広さ・眺望は全般的に価格に比して悪い印象である	プロセス指標
49	施設	パブリック	無線LANは使えるか？	無線LANが使えて、使い勝手が良い	無線LANが使える	無線LANが使えない	プロセス指標
50	施設	パブリック	施設全体の内外装等に統一感があるか？	施設全体の内外装等に統一感があり大変心地よい	施設全体の内外装等に統一感がある	施設全体の内外装等に統一感がない	プロセス指標
51	施設	パブリック	ロビーは期待感を与えるか？	ロビーは館の格に合った、期待感を与えるもので大変心地よい	ロビーは館の格に合った、期待感を与えるものである	ロビーが館の格に合っていない	プロセス指標
52	施設	大浴場	大浴場の広さは十分か？	大浴場は十分に広い	大浴場の広さは一般的である	大浴場が狭い	プロセス指標
53	施設	消耗備品類	客室や大浴場の消耗備品類（アメニティ等）は価格相応か？	客室や大浴場の消耗備品類は全般的に価格に比して良い印象である	客室や大浴場の消耗備品類は全般的に価格相応の印象である	客室や大浴場の消耗備品類は全般的に価格に比して悪い印象である	プロセス指標

169

2 「事業性評価票」 旅館（客室30未満）用

項目ID	評価項目			評価基準			（参考）指標分類
	大分類	中分類	詳細	3点（良い）	2点（普通）	1点（悪い）	
1	投資・財務活動	投資	適正な設備投資ができているか？	毎期の設備投資が総売上高の2%以上あり、過去10年に総売上高の10%以上の大規模投資をしている	毎期の設備投資の規模が総売上高の2%以上ある	毎期の設備投資の規模が総売上高の2%に満たない	結果指標
2	投資・財務活動	借入	有利子負債が年商に対して大きすぎないか？	有利子負債対年商倍率※が1倍未満である	有利子負債対年商倍率※が1倍以上2倍未満である	有利子負債対年商倍率※が2倍以上である	結果指標
3	収益力	売上	施設規模に相応しい売上があるか？	1室あたり総売上が1,000万円以上である	1室あたり総売上が700万円以上1,000万円未満である	1室あたり総売上が700万円未満である	結果指標
4	収益力	売上	客室が充分に稼働しているか？	客室稼働率が70%以上である	客室稼働率が50%以上70%未満である	客室稼働率が50%未満である	結果指標
5	収益力	売上	売上の大幅な減少はないか？	直近3年の売上成長率がマイナスでない	直近3年の売上成長率が▲5%以上0%未満である	直近3年の売上成長率が▲5%未満である	結果指標
6	収益力	コスト	料理材料の仕入コストは適正か？	料理材料比率が20%未満である	料理材料比率が20%以上23%未満である	料理材料比率が23%以上である	結果指標
7	収益力	コスト	人件費・外注費は適正か？	人件費比率（外注費含む）が35%未満である	人件費比率（外注費含む）が35%以上40%未満である	人件費比率（外注費含む）が40%以上である	結果指標
8	収益力	コスト	水道光熱費は適正か？	水道光熱費率が7%未満である	水道光熱費率が7%以上9%未満である	水道光熱費率が9%以上である	結果指標
9	収益力	利益	利益率は適正か？	償却前営業利益※率が10%以上である	償却前営業利益※率が5%以上10%未満である	償却前営業利益※率が5%未満である	結果指標
10	経営者	社長の資質	改善に向けた社長の意欲は？	社長に改善への大変強い意欲がある	社長に改善への意欲がみられる	社長に改善への意欲がみられない	プロセス指標
11	経営者	社長の資質	社長自身の経験・知見を意思決定に活かしているか？	社長には自信をもって経営に活かせる充分な経験や知見があり、常にそれに基づき意思決定している	社長は自身の経験や知見に基づき意思決定している	社長は主に他者の進言に基づき意思決定している、または、社の方針決定にあまり関与していない	プロセス指標
12	経営者	社長の資質	社長は従業員とコミュニケーションを取ったり他者の意見に耳を傾けたりするか？	社長は日常から積極的に従業員とコミュニケーションを取ったり他者の意見に耳を傾けたりしている	社長は時々従業員とコミュニケーションを取ったり他者の意見に耳を傾けたりしている	社長が従業員とコミュニケーションを取ったり他者の意見に耳を傾けたりすることはない	プロセス指標
13	経営者	社長の資質	社長は決定事項を浸透させる方策を自ら主体的に講じるか？	会議で決めたことを従業員に浸透させるため、社長が主体的に方策を講じたり、PDCA※を社長が自ら率先して回したりしている	会議で決めたことを従業員に浸透させる意思があるが主体的に具体策を講じることはない、または、他者に命じている	会議で決めたことを従業員に浸透させる方策は特段講じていない	プロセス指標
14	経営者	承継者の有無と資質	経営者としての資質がある承継者はいるか？	承継者がおり、その承継者に経営者としての資質がある	承継者がいるが確実性がない、またはその承継者に経営者としての資質がない	承継者がいない	プロセス指標

項目ID	評価項目			評価基準			(参考)指標分類
	大分類	中分類	詳細	3点（良い）	2点（普通）	1点（悪い）	
15	組織	組織体制	売上規模に応じた組織図になっているか？（部門と階層の数が売上規模に相応しいか）	部門の数、階層の数ともに無理・無駄のない組織で、かつ独自の工夫が講じられている	部門の数、階層の数ともに無理・無駄のない一般的な組織である	部門の数や階層の数に無理・無駄がある	プロセス指標
16	組織	組織体制	指示命令系統（報連相）が明確か？従業員が理解しているか？	指示命令系統（報連相）が明確かつ明文化されて従業員に周知されている	指示命令系統（報連相）が明確で従業員が理解している	指示命令系統（報連相）が明確でない	プロセス指標
17	組織	組織体制	経営者と幹部の会議体が機能しているか？	経営者と幹部の会議体があり、経営上の意思決定について議論している	経営者と幹部の会議体があるが、経営上の意思決定が議題に上らない場合もある	経営者と幹部の会議体はない、または、形骸化している	プロセス指標
18	組織	組織体制	各部門のミーティングが毎日開催され、機能しているか？	各部門で毎日ミーティングが開催され、伝達のほか、教育や意見を述べる場として機能している	各部門で毎日ミーティングが開催されている	各部門でのミーティングは不定期である、または開催されていない	プロセス指標
19	組織	人的資源	リーダークラス以上に、主体的に改善に取り組める優秀な従業員がいるか？	主体的に改善に取り組めるリーダークラス以上の従業員がおり、特筆すべき優秀な人材である	主体的に改善に取り組めるリーダークラス以上の従業員がいる	主体性のある従業員はいない	プロセス指標
20	組織	人材管理	従業員のモチベーションを維持向上する人事制度が整っているか？	頑張りを報酬に反映する評価制度（賞与・昇給等）がある	一般的な給与水準があり、福利厚生が整っている	給与水準や福利厚生が一般的な水準を下回る	プロセス指標
21	経営管理	予実管理（全体・売上）	月次決算が速やかにできているか？月次で予実差異分析が行われているか？	試算表が翌月の中旬までに作成され、月次で予実差異分析が行われている	期中に予実差異分析が行われているが、タイミングが遅い（試算表が作成されるのが翌月の中旬以降になる）	期中に予実差異分析が行われていない	プロセス指標
22	経営管理	予実管理（コスト）	主要な費目の動向を管理しているか？（原価、人件費、水道光熱費、修繕費、支払手数料、広告宣伝費など）	主要な費目の増減を把握し、予算と比較した上で、問題があればすぐに対処している	主要な費目の増減を把握している	主要な費目の増減を把握していない	プロセス指標
23	経営管理	予実管理（コスト）	調理場が仕入コストの適正化に取り組めるよう、実際原価率を把握し活用しているか？	実際原価率を把握して月次で調理場と共有し、調理場がそれに基づいてロスや材料費変動を認識して仕入コストの適正化に取り組んでいる	実際原価率を把握して調理場と共有している	実際原価率を調理場と共有していない	プロセス指標
24	経営管理	資金繰り管理	資金繰りの見通しが管理されているか？	向こう半年間の予想資金繰り表が作成されている	資金繰り表が作成されている	資金繰り表が作成されていない	プロセス指標
25	マーケティング	コンセプト	ターゲットは明確か？シーズンごとに設定しているか？	シーズンごとに優先すべきターゲットが明確である	ターゲットが明確であるがシーズンごとの区別はしていない	ターゲットが明確でない	プロセス指標
26	マーケティング	コンセプト	コンセプトは明確か？ターゲットにとって喜ばれるものか？	コンセプトが明確かつターゲットにとって喜ばれるものになっている	コンセプトがあるがターゲットのニーズにマッチしていない	コンセプトが明確でない	プロセス指標
27	マーケティング	プラン造成	プラン造成に独自性があるか？	競合会社にはない独特なプランがある	競合会社並みの、地域性を活かしたプランがある	プランに独自性がない	プロセス指標

項目ID	評価項目			評価基準			(参考)指標分類
	大分類	中分類	詳細	3点(良い)	2点(普通)	1点(悪い)	
28	マーケティング	価格戦略	価格戦略があるか？	販売価格にシーズナリティ※を持たせており、売上への影響を把握して価格戦略に反映している	販売価格にシーズナリティ※を持たせている	販売価格のコントロールは実施していない	プロセス指標
29	マーケティング	広告宣伝	自社HPは広告宣伝媒体として優れているか？	自社HPはWebサイトとして最新の機能・デザイン・コンテンツを備えており、自社の売りが明確にアピールされている	自社HPは一般的なコンテンツを備えている（予約機能・プラン情報・施設の特長等）	自社HPのコンテンツが不十分（予約機能・プラン情報・施設の特長等に欠ける）、または存在しない	プロセス指標
30	マーケティング	販売チャネル管理	販売チャネル別の販売計画があり、予実差異分析が行われているか？	販売チャネル別の販売計画があり、予実差異分析が行われている	販売チャネル別の販売計画が作成されている	販売チャネル別の販売計画は作成されていない	プロセス指標
31	マーケティング	販売チャネル管理	リアルエージェント※への依存度が高くないか？	リアルエージェント※経由の売上構成比率が40%未満である	リアルエージェント※経由の売上構成比率が40%以上60%未満である	リアルエージェント※経由の売上構成比率が60%以上である	プロセス指標
32	マーケティング	販売チャネル管理	OTA※（オンライントラベルエージェント）を活用しているか？	OTA※経由の売上構成比率が25%以上である	OTA※経由の売上構成比率が10%以上25%未満である	OTA※経由の売上構成比率が10%未満である	プロセス指標
33	オペレーション	仕入	仕入業者に相見積もりを取っているか？	既存品目についても1年～数年程度で仕入業者の相見積を取り業者入替を検討している	新たな仕入品目の仕入業者選定にあたっては相見積を取っている	新たな仕入品目の仕入業者選定の際も相見積を取ることはない	プロセス指標
34	オペレーション	仕入	仕入を調理場に任せず、経理や用度※が関わっているか？	日常の仕入に経理や用度※が関わっている	日常の仕入は調理場が行うが、契約行為（新規仕入先との契約、既存業者との基本契約の更新等）には経理や用度※が関わっている	仕入は全て調理場の判断で行っている	プロセス指標
35	オペレーション	調理	夕食の質はどうか？（季節感・地の食材の活用・味付け・目を引く盛り付け・料理を引き立てる器）	夕食は大変良好である（季節感・地の食材の活用・味付け・目を引く盛り付け・料理を引き立てる器）	夕食は概ね良好である（季節感・地の食材の活用・味付け・目を引く盛り付け・料理を引き立てる器）	夕食に気になる点がある（季節感がない・地の食材がない・味付けが悪い・盛り付けや器が凡庸など）	プロセス指標
36	オペレーション	調理	朝食の質はどうか？（季節感・地の食材の活用・味付け）	朝食は大変良好である（季節感・地の食材の活用・味付け）	朝食は概ね良好である（季節感・地の食材の活用・味付け）	朝食に気になる点がある（季節感がない・地の食材がない・味付けが悪いなど）	プロセス指標
37	オペレーション	調理	ご飯や味噌汁、漬け物が美味しいか？	ご飯や味噌汁、漬け物に特にこだわりがある	ご飯や味噌汁、漬け物が美味しい	ご飯や味噌汁、漬け物は凡庸である	プロセス指標
38	オペレーション	サービス	スタッフのサービスレベルはどうか？（言葉遣い・挨拶・笑顔・親しみ・気配り）	スタッフのサービスレベル（言葉遣い・挨拶・笑顔・親しみ・気配り）は大変良好である	スタッフのサービスレベル（言葉遣い・挨拶・笑顔・親しみ・気配り）は概ね良好である	スタッフのサービスに気になる点がある（言葉遣いが悪い・挨拶ができていない・笑顔や親しみや気配りがなく事務的など）	プロセス指標

項目ID	評価項目			評価基準			(参考)指標分類
	大分類	中分類	詳細	3点(良い)	2点(普通)	1点(悪い)	
39	オペレーション	サービス	フロントの対応はどうか？（案内や説明の的確さ、要望に真摯に対応する姿勢、フロントが受けた要望の他部署への伝達）	フロントの対応（案内や説明の的確さ、要望に真摯に対応する姿勢、フロントが受けた要望の他部署への伝達）は大変良好である	フロントの対応（案内や説明の的確さ、要望に真摯に対応する姿勢、フロントが受けた要望の他部署への伝達）は概ね良好である	フロントの対応に気になる点がある（案内や説明が分かりにくい、要望に真摯に答えない、フロントが受けた要望が他部署へ伝わっていない、など）	プロセス指標
40	オペレーション	サービス	食事のサービスはどうか？（スタッフの夕食の説明力、料理提供のタイミングの的確さ、サービスの動きの良さ）	食事のサービス（スタッフの夕食の説明力、料理提供のタイミングの的確さ、サービスの動きの良さ）は大変良好である	食事のサービス（スタッフの夕食の説明力、料理提供のタイミングの的確さ、サービスの動きの良さ）は概ね良好である	食事のサービスに気になる点がある（スタッフに夕食の説明ができない、料理提供のタイミングが食事のスピードに合っていない、サービスの動きが悪いなど）	プロセス指標
41	オペレーション	清掃	客室の居心地（居室や水回りの清潔さ、備品類の整頓・空気の清々しさ）は良いか？	客室の居心地（居室や水回りの清潔さ、備品類の整頓・空気の清々しさ）は全体的に評価に値する快適さである	客室の居心地（居室や水回りの清潔さ、備品類の整頓・空気の清々しさ）は全体的に一般的なレベルである	客室の居心地において気になる点がある（ゴミやほこり、水回りの汚れや傷み、備品類の乱雑な設置、臭いなど）	プロセス指標
42	オペレーション	清掃	客室の洗面台やバスの水の出は良いか？	客室の洗面台やバスの水の出は快適である	客室の洗面台やバスの水の出において特に不便は生じない	客室の洗面台やバスの水の出が悪い	プロセス指標
43	オペレーション	清掃	パブリックスペースのカーペットや壁は綺麗か？	パブリックスペースのカーペットや壁の汚れ・傷みがなく大変清潔感がある	パブリックスペースのカーペットや壁の汚れ・傷みがない	パブリックスペースのカーペットや壁に汚れ・傷みがある	プロセス指標
44	オペレーション	清掃	大浴場は全般的に清潔に保たれているか？（天井、床、浴槽、カラン周り、脱衣場など）	大浴場は全般的に大変清潔に保たれている	大浴場は全般的に清潔に保たれている	大浴場に汚れや傷みが見られる箇所がある（天井、床、浴槽、カラン周り、脱衣場など）	プロセス指標
45	オペレーション	施設管理	館内の居心地（調度品や備品類の美しさ、照明・空調・空気の清々しさ）は良いか？	館内の居心地（調度品や備品類の美しさ、照明・空調・空気の清々しさ）は全体的に評価に値する快適さである	館内の居心地（調度品や備品類の美しさ、照明・空調・空気の清々しさ）は全体的に一般的なレベルである	館内の居心地において気になる点がある（調度品や備品類の傷み、照明や空調の強弱・空気の淀みなど）	プロセス指標
46	施設	客室	客室の広さと眺望は価格相応か？	客室の広さ・眺望は全般的に価格に比して良い印象である	客室の広さ・眺望は全般的に価格相応の印象である	客室の広さ・眺望は全般的に価格に比して悪い印象である	プロセス指標
47	施設	パブリック	無線LANは使えるか？	無線LANが使えて、使い勝手が良い	無線LANが使える	無線LANが使えない	プロセス指標
48	施設	パブリック	施設全体の内外装等に統一感があるか？	施設全体の内外装等に統一感があり大変心地よい	施設全体の内外装等に統一感がある	施設全体の内外装等に統一感がない	プロセス指標
49	施設	パブリック	ロビーは期待感を与えるか？	ロビーは館の格に合った、期待感を与えるもので大変心地よい	ロビーは館の格に合った、期待感を与えるものである	ロビーが館の格に合っていない	プロセス指標
50	施設	大浴場	大浴場の広さは十分か？	大浴場は十分に広い	大浴場の広さは一般的である	大浴場が狭い	プロセス指標
51	施設	消耗備品類	客室や大浴場の消耗備品類（アメニティ等）は価格相応か？	客室や大浴場の消耗備品類は全般的に価格に比して良い印象である	客室や大浴場の消耗備品類は全般的に価格相応の印象である	客室や大浴場の消耗備品類は全般的に価格に比して悪い印象である	プロセス指標

3 「事業性評価票」 ビジネスホテル用

項目ID	評価項目			評価基準			(参考)指標分類
	大分類	中分類	詳細	3点(良い)	2点(普通)	1点(悪い)	
1	投資・財務活動	投資	適正な設備投資ができているか？	毎期の設備投資が総売上高の2%以上あり、過去10年に総売上高の10%以上の大規模投資をしている	毎期の設備投資の規模が総売上高の2%以上ある	毎期の設備投資の規模が総売上高の2%に満たない	結果指標
2	投資・財務活動	借入	有利子負債が年商に対して大きすぎないか？	有利子負債対年商倍率※が1倍未満である	有利子負債対年商倍率※が1倍以上2倍未満である	有利子負債対年商倍率※が2倍以上である	結果指標
3	収益力	売上	施設規模に相応しい売上があるか？	1室あたり総売上が1,000万円以上である	1室あたり総売上が700万円以上1,000万円未満である	1室あたり総売上が700万円未満である	結果指標
4	収益力	売上	客室が充分に稼働しているか？	客室稼働率が80%以上である	客室稼働率が60%以上80%未満である	客室稼働率が60%未満である	結果指標
5	収益力	売上	売上の大幅な減少はないか？	直近3年の売上成長率がマイナスでない	直近3年の売上成長率が▲5%以上0%未満である	直近3年の売上成長率が▲5%未満である	結果指標
6	収益力	コスト	人件費・外注費は適正か？	人件費比率（外注費含む）が30%未満である	人件費比率（外注費含む）が30%以上35%未満である	人件費比率（外注費含む）が35%以上である	結果指標
7	収益力	コスト	水道光熱費は適正か？	水道光熱費率が7%未満である	水道光熱費率が7%以上9%未満である	水道光熱費率が9%以上である	結果指標
8	収益力	利益	利益率は適正か？	償却前営業利益※率が30%以上である	償却前営業利益※率が15%以上30%未満である	償却前営業利益※率が15%未満である	結果指標
9	経営者	社長の資質	改善に向けた社長の意欲は？	社長に改善への大変強い意欲がある	社長に改善への意欲がみられる	社長に改善への意欲がみられない	プロセス指標
10	経営者	社長の資質	社長自身の経験・知見を意思決定に活かしているか？	社長には自信をもって経営に活かせる充分な経験や知見があり、常にそれに基づき意思決定している	社長は自身の経験や知見に基づき意思決定している	社長は主に他者の進言に基づき意思決定している、または、社の方針決定にあまり関与していない	プロセス指標
11	経営者	社長の資質	社長は従業員とコミュニケーションを取ったり他者の意見に耳を傾けたりするか？	社長は日常から積極的に従業員とコミュニケーションを取ったり他者の意見に耳を傾けたりしている	社長は時々従業員とコミュニケーションを取ったり他者の意見に耳を傾けたりしている	社長が従業員とコミュニケーションを取ったり他者の意見に耳を傾けたりすることはない	プロセス指標
12	経営者	社長の資質	社長は決定事項を浸透させる方策を自ら主体的に講じるか？	会議で決めたことを従業員に浸透させるため、社長が主体的に方策を講じたり、PDCA※を社長が自ら率先して回したりしている	会議で決めたことを従業員に浸透させる意思があるが主体的に具体策を講じることはない、または、他者に命じている	会議で決めたことを従業員に浸透させる方策は特段講じていない	プロセス指標
13	経営者	承継者の有無と資質	経営者としての資質がある承継者はいるか？	承継者がおり、その承継者に経営者としての資質がある	承継者がいるが確実性がない、またはその承継者に経営者としての資質がない	承継者がいない	プロセス指標
14	組織	組織体制	売上規模に応じた組織図になっているか？（部門と階層の数が売上規模に相応しいか）	部門の数、階層の数ともに無理・無駄のない組織で、かつ独自の工夫が講じられている	部門の数、階層の数ともに無理・無駄のない一般的な組織である	部門の数や階層の数に無理・無駄がある	プロセス指標

項目ID	評価項目			評価基準			(参考)指標分類
	大分類	中分類	詳細	3点(良い)	2点(普通)	1点(悪い)	
15	組織	組織体制	部門長の役割と機能が明確か？明文化されているか？	部門長の役割と機能が明確かつ明文化されている	部門長の役割と機能が明確である	部門長の役割と機能が明確でない	プロセス指標
16	組織	組織体制	指示命令系統（報連相）が明確か？従業員が理解しているか？	指示命令系統（報連相）が明確かつ明文化されて従業員に周知されている	指示命令系統（報連相）が明確で従業員が理解している	指示命令系統（報連相）が明確でない	プロセス指標
17	組織	組織体制	経営者と幹部の会議体が機能しているか？	経営者と幹部の会議体があり、経営上の意思決定について議論している	経営者と幹部の会議体があるが、経営上の意思決定が議題に上らない場合もある	経営者と幹部の会議体はない、または、形骸化している	プロセス指標
18	組織	組織体制	各部門のミーティングが毎日開催され、機能しているか？	各部門で毎日ミーティングが開催され、伝達のほか、教育や意見を述べる場として機能している	各部門で毎日ミーティングが開催されている	各部門でのミーティングは不定期である、または開催されていない	プロセス指標
19	組織	人的資源	部門長にマネジメントスキル・人望があるか？	複数の部門長にマネジメントスキルがあり、部下とのコミュニケーション能力も高く人望が厚い	一定のマネジメントスキルをもつ部門長がいる	一定のマネジメントスキルをもつ部門長がいない	プロセス指標
20	組織	人的資源	リーダークラス以上に、主体的に改善に取り組める優秀な従業員がいるか？	主体的に改善に取り組めるリーダークラス以上の従業員がおり、特筆すべき優秀な人材である	主体的に改善に取り組めるリーダークラス以上の従業員がいる	主体性のある従業員はいない	プロセス指標
21	組織	人材管理	従業員のモチベーションを維持向上する人事制度が整っているか？	頑張りを報酬に反映する評価制度（賞与・昇給等）がある	一般的な給与水準があり、福利厚生が整っている	給与水準や福利厚生が一般的な水準を下回る	プロセス指標
22	経営管理	予実管理（全体・売上）	月次決算が速やかにできているか？月次で予実差異分析が行われ、幹部が活用しているか？	試算表が翌月の中旬までに作成され、月次で予実差異分析が行われて幹部が方策の検討に活用している	期中に予実差異分析が行われて幹部が方策の検討に活用しているが、タイミングが遅い（試算表が作成されるのが翌月の中旬以降になる）	期中に予実差異分析が行われていない（もしくは、幹部が活用していない）	プロセス指標
23	経営管理	予実管理（コスト）	主要な費目の動向を管理しているか？（原価、人件費、水道光熱費、修繕費、支払手数料、広告宣伝費など）	主要な費目の増減を把握し、予算と比較した上で、問題があればすぐに対処している	主要な費目の増減を把握している	主要な費目の増減を把握していない	プロセス指標
24	経営管理	資金繰り管理	資金繰りの見通しが管理されているか？	向こう半年間の予想資金繰り表が作成されている	資金繰り表が作成されている	資金繰り表が作成されていない	プロセス指標
25	マーケティング	コンセプト	ターゲットは明確か？シーズンごとに設定しているか？	シーズンごとに優先すべきターゲットが明確である	ターゲットが明確であるがシーズンごとの区別はしていない	ターゲットが明確でない	プロセス指標
26	マーケティング	コンセプト	コンセプトは明確か？ターゲットにとって喜ばれるものか？	コンセプトが明確かつターゲットにとって喜ばれるものになっている	コンセプトがあるがターゲットのニーズにマッチしていない	コンセプトが明確でない	プロセス指標
27	マーケティング	プラン造成	プラン造成に独自性があるか？	競合会社にはない独特なプランがある	競合会社並みの、地域性を活かしたプランがある	プランに独自性がない	プロセス指標
28	マーケティング	価格戦略	価格戦略があるか？	イールドマネジメント※を実施しており厳密に価格をコントロールしている	イールドマネジメント※を実施している	イールドマネジメント※を実施していない	プロセス指標

175

項目ID	評価項目 大分類	評価項目 中分類	評価項目 詳細	評価基準 3点(良い)	評価基準 2点(普通)	評価基準 1点(悪い)	(参考)指標分類
29	マーケティング	広告宣伝	自社HPは広告宣伝媒体として優れているか？	自社HPはWebサイトとして最新の機能・デザイン・コンテンツを備えており、自社の売りが明確にアピールされている	自社HPは一般的なコンテンツを備えている（予約機能・プラン情報・施設の特長等）	自社HPのコンテンツが不十分（予約機能・プラン情報・施設の特長等に欠ける）、または存在しない	プロセス指標
30	マーケティング	販売チャネル管理	販売チャネル別の販売計画があり、予実差異分析が行われているか？	販売チャネル別の販売計画があり、予実差異分析が行われている	販売チャネル別の販売計画が作成されている	販売チャネル別の販売計画は作成されていない	プロセス指標
31	マーケティング	販売チャネル管理	リアルエージェント※への依存度が高くないか？	リアルエージェント※経由の売上構成比率が40%未満である	リアルエージェント※経由の売上構成比率が40%以上60%未満である	リアルエージェント※経由の売上構成比率が60%以上である	プロセス指標
32	マーケティング	販売チャネル管理	OTA※（オンライントラベルエージェント）を活用しているか？	OTA※経由の売上構成比率が25%以上である	OTA※経由の売上構成比率が10%以上25%未満である	OTA※経由の売上構成比率が10%未満である	プロセス指標
33	オペレーション	仕入	仕入業者に相見積もりを取っているか？	既存品目についても1年～数年程度で仕入業者の相見積を取り業者入替を検討している	新たな仕入品目の仕入業者選定にあたっては相見積を取っている	新たな仕入品目の仕入業者選定の際も相見積を取ることはない	プロセス指標
34	オペレーション	調理	朝食の質はどうか？（季節感・地の食材の活用・味付け）	朝食は大変良好である（季節感・地の食材の活用・味付け）	朝食は概ね良好である（季節感・地の食材の活用・味付け）	朝食に気になる点がある（季節感がない・地の食材がない・味付けが悪いなど）	プロセス指標
35	オペレーション	調理	ご飯や味噌汁、漬け物が美味しいか？	ご飯や味噌汁、漬け物に特にこだわりがある	ご飯や味噌汁、漬け物が美味しい	ご飯や味噌汁、漬け物は凡庸である	プロセス指標
36	オペレーション	サービス	スタッフのサービスレベルはどうか？（言葉遣い・挨拶・笑顔・親しみ・気配り）	スタッフのサービスレベル（言葉遣い・挨拶・笑顔・親しみ・気配り）は大変良好である	スタッフのサービスレベル（言葉遣い・挨拶・笑顔・親しみ・気配り）は概ね良好である	スタッフのサービスに気になる点がある（言葉遣いが悪い・挨拶ができていない・笑顔や親しみや気配りがなく事務的など）	プロセス指標
37	オペレーション	サービス	フロントの対応はどうか？（案内や説明の的確さ、要望に真摯に対応する姿勢、フロントが受けた要望の他部署への伝達）	フロントの対応（案内や説明の的確さ、要望に真摯に対応する姿勢、フロントが受けた要望の他部署への伝達）は大変良好である	フロントの対応（案内や説明の的確さ、要望に真摯に対応する姿勢、フロントが受けた要望の他部署への伝達）は概ね良好である	フロントの対応に気になる点がある（案内や説明が分かりにくい、要望に答えない、フロントが受けた要望が他部署へ伝わっていない、など）	プロセス指標
38	オペレーション	清掃	客室の居心地（居室や水回りの清潔さ、備品類の整頓・空気の清々しさ）は良いか？	客室の居心地（居室や水回りの清潔さ、備品類の整頓・空気の清々しさ）は全体的に評価に値する快適さである	客室の居心地（居室や水回りの清潔さ、備品類の整頓・空気の清々しさ）は全体的に一般的なレベルである	客室の居心地において気になる点がある（ゴミやほこり、水回りの汚れや傷み、備品類の乱雑な設置、臭いなど）	プロセス指標
39	オペレーション	清掃	客室の洗面台やバスの水の出は良いか？	客室の洗面台やバスの水の出は快適である	客室の洗面台やバスの水の出において特に不便は生じない	客室の洗面台やバスの水の出が悪い	プロセス指標
40	オペレーション	清掃	パブリックスペースのカーペットや壁、トイレは綺麗か？	パブリックスペースのカーペットや壁、トイレに、汚れ・傷みがなく大変清潔に保たれている	パブリックスペースのカーペットや壁、トイレに、汚れ・傷みがない	パブリックスペースのカーペットや壁、トイレに、汚れ・傷みが見られる箇所がある	プロセス指標

項目ID	評価項目			評価基準			（参考）指標分類
	大分類	中分類	詳細	3点（良い）	2点（普通）	1点（悪い）	
41	オペレーション	施設管理	館内の居心地（調度品や備品類の美しさ、照明・空調・空気の清々しさ）は良いか？	館内の居心地（調度品や備品類の美しさ、照明・空調・空気の清々しさ）は全体的に評価に値する快適さである	館内の居心地（調度品や備品類の美しさ、照明・空調・空気の清々しさ）は全体的に一般的なレベルである	館内の居心地において気になる点がある（調度品や備品類の傷み、照明や空調の強弱・空気の淀みなど）	プロセス指標
42	施設	客室	客室の広さと眺望は価格相応か？	客室の広さ・眺望は全般的に価格に比して良い印象である	客室の広さ・眺望は全般的に価格相応の印象である	客室の広さ・眺望は全般的に価格に比して悪い印象である	プロセス指標
43	施設	パブリック	無線LANは使えるか？	無線LANが使えて、使い勝手が良い	無線LANが使える	無線LANが使えない	プロセス指標
44	施設	パブリック	施設全体の内外装等に統一感があるか？	施設全体の内外装等に統一感があり大変心地よい	施設全体の内外装等に統一感がある	施設全体の内外装等に統一感がない	プロセス指標
45	施設	パブリック	ロビーは期待感を与えるか？	ロビーは館の格に合った、期待感を与えるもので大変心地よい	ロビーは館の格に合った、期待感を与えるものである	ロビーが館の格に合っていない	プロセス指標
46	施設	消耗備品類	客室の消耗備品類（アメニティやベッドカバー等）は価格相応か？	客室の消耗備品類は全般的に価格に比して良い印象である	客室の消耗備品類は全般的に価格相応の印象である	客室の消耗備品類は全般的に価格に比して悪い印象である。もしくはベッドカバーがデュベ※でない	プロセス指標

4 「事業性評価票」 シティホテル・リゾートホテル用

項目ID	評価項目			評価基準			（参考）指標分類
	大分類	中分類	詳細	3点（良い）	2点（普通）	1点（悪い）	
1	投資・財務活動	投資	適正な設備投資ができているか？	毎期の設備投資が総売上高の2％以上あり、過去10年に総売上高の10％以上の大規模投資をしている	毎期の設備投資の規模が総売上高の2％以上ある	毎期の設備投資の規模が総売上高の2％に満たない	結果指標
2	投資・財務活動	借入	有利子負債が年商に対して大きすぎないか？	有利子負債対年商倍率※が1倍未満である	有利子負債対年商倍率※が1倍以上2倍未満である	有利子負債対年商倍率※が2倍以上である	結果指標
3	収益力	売上	施設規模に相応しい売上があるか？	1室あたり総売上が1,500万円以上である	1室あたり総売上が1,000万円以上1,500万円未満である	1室あたり総売上が1,000万円未満である	結果指標
4	収益力	売上	客室が充分に稼働しているか？	客室稼働率が70％以上である	客室稼働率が50％以上70％未満である	客室稼働率が50％未満である	結果指標
5	収益力	売上	売上の大幅な減少はないか？	直近3年の売上成長率がマイナスでない	直近3年の売上成長率が▲5％以上0％未満である	直近3年の売上成長率が▲5％未満である	結果指標
6	収益力	コスト	料飲部門の原価率は適正か？	料飲部門原価率が30％未満である	料飲部門原価率が30％以上35％未満である	料飲部門原価率が35％以上である	結果指標
7	収益力	コスト	人件費・外注費は適正か？	人件費比率（外注費含む）が30％未満である	人件費比率（外注費含む）が30％以上35％未満である	人件費比率（外注費含む）が35％以上である	結果指標
8	収益力	コスト	水道光熱費は適正か？	水道光熱費率が5％未満である	水道光熱費率が5％以上7％未満である	水道光熱費率が7％以上である	結果指標
9	収益力	利益	利益率は適正か？	償却前営業利益※率が15％以上である	償却前営業利益※率が5％以上15％未満である	償却前営業利益※率が5％未満である	結果指標
10	経営者	社長の資質	改善に向けた社長の意欲は？	社長に改善への大変強い意欲がある	社長に改善への意欲がみられる	社長に改善への意欲がみられない	プロセス指標
11	経営者	社長の資質	社長自身の経験・知見を意思決定に活かしているか？	社長には自信をもって経営に活かせる充分な経験や知見があり、常にそれに基づき意思決定している	社長は自身の経験や知見に基づき意思決定している	社長は主に他者の進言に基づき意思決定している、または、社の方針決定にあまり関与していない	プロセス指標
12	経営者	社長の資質	社長は従業員とコミュニケーションを取ったり他者の意見に耳を傾けたりするか？	社長は日常から積極的に従業員とコミュニケーションを取ったり他者の意見に耳を傾けたりしている	社長は時々従業員とコミュニケーションを取ったり他者の意見に耳を傾けたりしている	社長が従業員とコミュニケーションを取ったり他者の意見に耳を傾けたりすることはない	プロセス指標
13	経営者	社長の資質	社長は決定事項を浸透させる方策を自ら主体的に講じるか？	会議で決めたことを従業員に浸透させるため、社長が主体的に方策を講じたり、PDCA※を社長が自ら率先して回したりしている	会議で決めたことを従業員に浸透させる意思があるが主体的に具体策を講じることはない、または、他者に命じている	会議で決めたことを従業員に浸透させる方策は特段講じていない	プロセス指標
14	経営者	承継者の有無と資質	経営者としての資質がある承継者はいるか？	承継者がおり、その承継者に経営者としての資質がある	承継者がいるが確実性がない、またはその承継者に経営者としての資質がない	承継者がいない	プロセス指標

178

項目ID	評価項目			評価基準			(参考)指標分類
	大分類	中分類	詳細	3点（良い）	2点（普通）	1点（悪い）	
15	組織	組織体制	売上規模に応じた組織図になっているか？（部門と階層の数が売上規模に相応しいか）	部門の数、階層の数ともに無理・無駄のない組織で、かつ独自の工夫が講じられている	部門の数、階層の数ともに無理・無駄のない一般的な組織である	部門の数や階層の数に無理・無駄がある	プロセス指標
16	組織	組織体制	部門長の役割と機能が明確か？明文化されているか？	部門長の役割と機能が明確かつ明文化されている	部門長の役割と機能が明確である	部門長の役割と機能が明確でない	プロセス指標
17	組織	組織体制	指示命令系統（報連相）が明確か？従業員が理解しているか？	指示命令系統（報連相）が明確かつ明文化されて従業員に周知されている	指示命令系統（報連相）が明確で従業員が理解している	指示命令系統（報連相）が明確でない	プロセス指標
18	組織	組織体制	経営者と幹部の会議体が機能しているか？	経営者と幹部の会議体があり、経営上の意思決定について議論している	経営者と幹部の会議体があるが、経営上の意思決定が議題に上らない場合もある	経営者と幹部の会議体はない、または、形骸化している	プロセス指標
19	組織	組織体制	各部門のミーティングが毎日開催され、機能しているか？	各部門で毎日ミーティングが開催され、伝達のほか、教育や意見を述べる場として機能している	各部門で毎日ミーティングが開催されている	各部門でのミーティングは不定期である、または開催されていない	プロセス指標
20	組織	人的資源	部門長にマネジメントスキル・人望があるか？	複数の部門長にマネジメントスキルがあり、部下とのコミュニケーション能力も高く人望が厚い	一定のマネジメントスキルをもつ部門長がいる	一定のマネジメントスキルをもつ部門長がいない	プロセス指標
21	組織	人的資源	リーダークラス以上に、主体的に改善に取り組める優秀な従業員がいるか？	主体的に改善に取り組めるリーダークラス以上の従業員がおり、特筆すべき優秀な人材である	主体的に改善に取り組めるリーダークラス以上の従業員がいる	主体性のある従業員はいない	プロセス指標
22	組織	人材管理	従業員のモチベーションを維持向上する人事制度が整っているか？	頑張りを報酬に反映する評価制度（賞与・昇給等）がある	一般的な給与水準があり、福利厚生が整っている	給与水準や福利厚生が一般的な水準を下回る	プロセス指標
23	経営管理	予実管理（全体・売上）	月次決算（部門別）が速やかにできているか？月次で予実差異分析が行われ、幹部が活用しているか？	試算表（部門別）が翌月の中旬までに作成され、月次で予実差異分析が行われて幹部が方策の検討に活用している	期中に予実差異分析が行われて幹部が方策の検討に活用しているが、タイミングが遅い（試算表（部門別）が作成されるのが翌月の中旬以降になる）	期中に予実差異分析が行われていないか、不十分である（幹部が活用していない、部門別損益が把握されていない　など）	プロセス指標
24	経営管理	予実管理（コスト）	主要な費目の動向を把握しているか？（原価、人件費、水道光熱費、修繕費、支払手数料、広告宣伝費など）	主要な費目の増減を把握し、予算と比較した上で、問題があればすぐに対処している	主要な費目の増減を把握している	主要な費目の増減を把握していない	プロセス指標
25	経営管理	予実管理（コスト）	キッチンが仕入コストの適正化に取り組めるよう、実際原価率を把握し活用しているか？	実際原価率を把握して月次でキッチンと共有し、キッチンがそれに基づいてロスや材料費変動を認識して仕入コストの適正化に取り組んでいる	実際原価率を把握してキッチンと共有している	実際原価率をキッチンと共有していない	プロセス指標
26	経営管理	資金繰り管理	資金繰りの見通しが管理されているか？	向こう半年間の予想資金繰り表が作成されている	資金繰り表が作成されている	資金繰り表が作成されていない	プロセス指標

項目ID	評価項目			評価基準			(参考)指標分類
	大分類	中分類	詳細	3点(良い)	2点(普通)	1点(悪い)	
27	マーケティング	コンセプト	ターゲットは明確か？部門ごとに設定しているか？	部門ごとに優先すべきターゲットが明確である	ターゲットが明確であるが部門ごとの区別はしていない	ターゲットが明確でない	プロセス指標
28	マーケティング	コンセプト	コンセプトは明確か？ターゲットにとって喜ばれるものか？	コンセプトが明確かつターゲットにとって喜ばれるものになっている	コンセプトがあるがターゲットのニーズにマッチしていない	コンセプトが明確でない	プロセス指標
29	マーケティング	プラン造成	プラン造成に独自性があるか？	競合会社にはない独特なプランがある	競合会社並みの、地域性を活かしたプランがある	プランに独自性がない	プロセス指標
30	マーケティング	価格戦略	価格戦略があるか？	イールドマネジメント※を実施しており厳密に価格をコントロールしている	イールドマネジメント※を実施している	イールドマネジメント※を実施していない	プロセス指標
31	マーケティング	広告宣伝	自社HPは広告宣伝媒体として優れているか？	自社HPはWebサイトとして最新の機能・デザイン・コンテンツを備えており、自社の売りが明確にアピールされている	自社HPは一般的なコンテンツを備えている（予約機能・プラン情報・施設の特長等）	自社HPのコンテンツが不十分（予約機能・プラン情報・施設の特長等に欠ける）、または存在しない	プロセス指標
32	マーケティング	販売チャネル管理	販売チャネル別・部門別・主要顧客セグメント別の販売計画があり、予実差異分析が行われているか？	販売チャネル別・部門別・主要顧客セグメント別の販売計画があり、予実差異分析が行われている	販売チャネル別・部門別・主要顧客セグメント別の販売計画が作成されている	販売チャネル別・部門別・主要顧客セグメント別の販売計画は作成されていない	プロセス指標
33	マーケティング	販売チャネル管理	リアルエージェント※への依存度が高くないか？	リアルエージェント※経由の売上構成比率が40%未満である	リアルエージェント※経由の売上構成比率が40%以上60%未満である	リアルエージェント※経由の売上構成比率が60%以上である	プロセス指標
34	マーケティング	販売チャネル管理	OTA※（オンライントラベルエージェント）を活用しているか？	OTA※経由の売上構成比率が25%以上である	OTA※経由の売上構成比率が10%以上25%未満である	OTA※経由の売上構成比率が10%未満である	プロセス指標
35	オペレーション	仕入	仕入業者に相見積もりを取っているか？	既存品目についても1年～数年程度で仕入業者の相見積を取り業者入替を検討している	新たな仕入品目の仕入業者選定にあたっては相見積を取っている	新たな仕入品目の仕入業者選定の際も相見積を取ることはない	プロセス指標
36	オペレーション	仕入	仕入を調理場に任せず、経理や用度※が関わっているか？	日常の仕入に経理や用度※が関わっている	日常の仕入は調理場が行うが、契約行為（新規仕入先との契約、既存業者との基本契約の更新等）には経理や用度※が関わっている	仕入は全て調理場の判断で行っている	プロセス指標
37	オペレーション	調理	夕食の質はどうか？（季節感・地の食材の活用・味付け・目を引く盛り付け・料理を引き立てる器）	夕食は大変良好である（季節感・地の食材の活用・味付け・目を引く盛り付け・料理を引き立てる器）	夕食は概ね良好である（季節感・地の食材の活用・味付け・目を引く盛り付け・料理を引き立てる器）	夕食に気になる点がある（季節感がない・地の食材がない・味付けが悪い・盛り付けや器が凡庸など）	プロセス指標
38	オペレーション	調理	朝食の質はどうか？（季節感・地の食材の活用・味付け）	朝食は大変良好である（季節感・地の食材の活用・味付け）	朝食は概ね良好である（季節感・地の食材の活用・味付け）	朝食に気になる点がある（季節感がない・地の食材がない・味付けが悪いなど）	プロセス指標
39	オペレーション	調理	ご飯や味噌汁、漬け物が美味しいか？	ご飯や味噌汁、漬け物に特にこだわりがある	ご飯や味噌汁、漬け物が美味しい	ご飯や味噌汁、漬け物は凡庸である	プロセス指標

項目ID	評価項目			評価基準			(参考)指標分類
	大分類	中分類	詳細	3点（良い）	2点（普通）	1点（悪い）	
40	オペレーション	サービス	スタッフのサービスレベルはどうか？（言葉遣い・挨拶・笑顔・親しみ・気配り）	スタッフのサービスレベル（言葉遣い・挨拶・笑顔・親しみ・気配り）は大変良好である	スタッフのサービスレベル（言葉遣い・挨拶・笑顔・親しみ・気配り）は概ね良好である	スタッフのサービスに気になる点がある（言葉遣い・挨拶ができていない・笑顔や親しみや気配りがなく事務的など）	プロセス指標
41	オペレーション	サービス	フロントの対応はどうか？（案内や説明の的確さ、要望に真摯に対応する姿勢、フロントが受けた要望の他部署への伝達）	フロントの対応（案内や説明の的確さ、要望に真摯に対応する姿勢、フロントが受けた要望の他部署への伝達）は大変良好である	フロントの対応（案内や説明の的確さ、要望に真摯に対応する姿勢、フロントが受けた要望の他部署への伝達）は概ね良好である	フロントの対応に気になる点がある（案内や説明が分かりにくい、要望に真摯に答えない、フロントが受けた要望が他部署へ伝わっていない、など）	プロセス指標
42	オペレーション	サービス	食事のサービスはどうか？（スタッフの夕食の説明力、料理提供のタイミングの的確さ、サービスの動きの良さ）	食事のサービス（スタッフの夕食の説明力、料理提供のタイミングの的確さ、サービスの動きの良さ）は大変良好である	食事のサービス（スタッフの夕食の説明力、料理提供のタイミングの的確さ、サービスの動きの良さ）は概ね良好である	食事のサービスに気になる点がある（スタッフに夕食の説明ができない、料理提供のタイミングが食事のスピードに合っていない、サービスの動きが悪いなど）	プロセス指標
43	オペレーション	清掃	客室の居心地（居室や水回りの清潔さ、備品類の整頓・空気の清々しさ）は良いか？	客室の居心地（居室や水回りの清潔さ、備品類の整頓・空気の清々しさ）は全体的に評価に値する快適さである	客室の居心地（居室や水回りの清潔さ、備品類の整頓・空気の清々しさ）は全体的に一般的なレベルである	客室の居心地において気になる点がある（ゴミやほこり、水回りの汚れや傷み、備品類の乱雑な設置、臭いなど）	プロセス指標
44	オペレーション	清掃	客室の洗面台やバスの水の出は良いか？	客室の洗面台やバスの水の出は快適である	客室の洗面台やバスの水の出において特に不便は生じない	客室の洗面台やバスの水の出が悪い	プロセス指標
45	オペレーション	清掃	パブリックスペースのカーペットや壁、トイレは綺麗か？	パブリックスペースのカーペットや壁、トイレに、汚れ・傷みがなく大変清潔に保たれている	パブリックスペースのカーペットや壁、トイレに、汚れ・傷みがない	パブリックスペースのカーペットや壁、トイレに、汚れ・傷みが見られる箇所がある	プロセス指標
46	オペレーション	施設管理	館内の居心地（調度品や備品類の美しさ、照明・空調・空気の清々しさ）は良いか？	館内の居心地（調度品や備品類の美しさ、照明・空調・空気の清々しさ）は全体的に評価に値する快適さである	館内の居心地（調度品や備品類の美しさ、照明・空調・空気の清々しさ）は全体的に一般的なレベルである	館内の居心地において気になる点がある（調度品や備品類の傷み、照明や空調の強弱・空気の淀みなど）	プロセス指標
47	施設	客室	客室の広さと眺望は価格相応か？	客室の広さ・眺望は全般的に価格に比して良い印象である	客室の広さ・眺望は全般的に価格相応の印象である	客室の広さ・眺望は全般的に価格に比して悪い印象である	プロセス指標
48	施設	パブリック	無線LANは使えるか？	無線LANが使えて、使い勝手が良い	無線LANが使える	無線LANが使えない	プロセス指標
49	施設	パブリック	施設全体の内外装等に統一感があるか？	施設全体の内外装等に統一感があり大変心地よい	施設全体の内外装等に統一感がある	施設全体の内外装等に統一感がない	プロセス指標
50	施設	パブリック	ロビーは期待感を与えるか？	ロビーは館の格に合った、期待感を与えるもので大変心地よい	ロビーは館の格に合った、期待感を与えるものである	ロビーが館の格に合っていない	プロセス指標
51	施設	消耗備品類	客室の消耗備品類（アメニティやベッドカバー等）は価格相応か？	客室の消耗備品類は全般的に価格に比して良い印象である	客室の消耗備品類は全般的に価格相応の印象である	客室の消耗備品類は全般的に価格に比して悪い印象である。もしくはベッドカバーがデュベ※でない	プロセス指標

5 「事業性評価結果」のシート（4 業態共通）

　「事業性評価票」で評点をつけ終えたら、「結果指標」と「プロセス指標」に分けた上で、評価分野単位の平均評点を算出します。集計結果は、総合力を見出しやすいようにビジュアル化してまとめます。なお、図中に表示している評価結果は架空のものです。

■事業性評価結果のシート

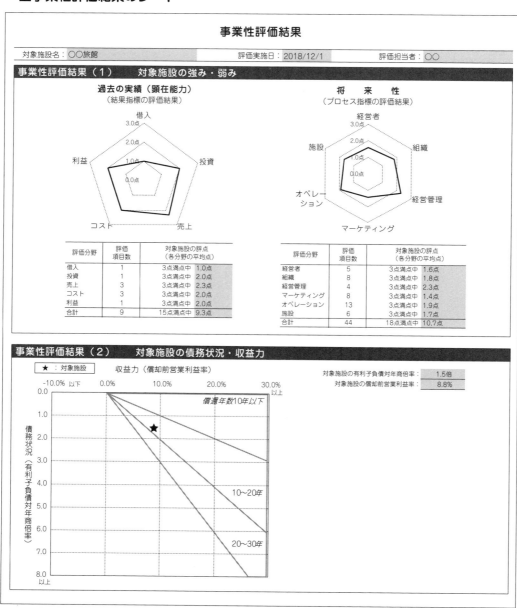

集計値の算出方法

　評価分野単位の平均評点は、「その評価分野に属する評価項目の評点の合計」÷「その評価分野に属する評価項目の数」で算出します。

　「事業性評価票」に記載してある評価項目の分類名を、そのまま評価分野として使えます。また、「事業性評価票」の「参考」列の「指標分類」列に、それぞれの評価項目が「結果指標」と「プロセス指標」のどちらに該当するかを記載してあります。

「事業性評価結果（1）対象施設の強み・弱み」の使い方

　このレーダーチャートの活用方法は、本書の第5章3の「4）事業性評価の進め方」を参照してください。

「事業性評価結果（2）対象施設の債務状況・収益力」の使い方

　このグラフから現時点の返済能力がどの程度であるかを見るとともに、融資先として許容できる返済能力にない場合、「事業性評価結果（1）」の「将来性」の評価結果に基づいて「収益力」（グラフ横軸）の改善可能性を加味して見極めるようにしてください。

6 ダウンロードサイト

　本章で提示した「事業性評価票」と「事業性評価結果のシート」のエクセルファイル
を、以下の URL からダウンロードできます。

　このエクセルファイルの「事業性評価票」に評点を入力すると、「評価結果」のシー
トに自動的に集計結果が表示されます。お手元のパソコンにダウンロードして、ホテル
旅館の事業性評価にご活用ください。

ダウンロードサイト URL

https://www.xone-consulting.co.jp/publications/download/

用語集

A～E

・A重油…燃料油の一種。
・DDS…Debt Debt Swap の略。債権者が既存の債権を返済順位の低い劣後ローンに切り替えること。
・EBITDA…Earnings Before Interest, Taxes, Depreciation and Amortization の略。税引前利益に支払利息、減価償却費を加えたもの。ただし本書では将来の収益力の算定基礎として EBITDA を活用しているため、経常利益に支払利息、減価償却費を加えたものとしている。

F～J

・FA（フィナンシャルアドバイザー）…財務・金融関係全般のアドバイザー。M&A に関しては買収対象企業の企業価値に関するアドバイスを中心に M&A 全般をサポートする。
・FF&E（FFE）…furniture, fixtures and equipment の略。家具、什器、備品。
・GOP…Gross Operating Profit の略。ホテル全体の営業収入から、売上を上げるために直接関係するホテル運営費用を除いた額。
・IM…Information Memorandum（インフォメーション・メモランダム）の略称。M&A において、売却対象となる会社や事業等を詳しく記した資料。

K～O

・MICE…Meeting, Incentive Travel, Convention, Exhibition/Event の略。会議や研修旅行や展示会など、多くの集客が見込まれるビジネス関連イベントの総称。
・OTA…Online Travel Agent の略。インターネット上のみで取引を行う旅行会社。

P～T

・PDCA…Plan, Do, Check, Action の略。計画・実行・評価・改善を繰り返して業務を継続的に改善していくこと。

・PMI…M&A 後の統合効果を最大化するために経営、業務、意識などを統合するプロセス。

・Rev.PAR…Revenue Per Available Room の略。客室 1 室あたりの売上を指標化したもの。客室売上を販売可能な客室数で割った数値。客室稼働率に平均客室単価を掛けても求めることができる。

U～Z

あ行

・イールドマネジメント…イールド（収益）を最大化するために、需要と供給の動向を細かく見ながら客室の販売価格を調整すること。

・インバウンド…外国人が訪日すること。

・エージェント…旅行会社。

・エンジニアリングレポート…不動産の遵法性、劣化、修繕更新計画、環境リスク等について、第三者が調査・診断したレポート。

・オペレーショナルアセット…ホテル旅館やシェアオフィス、高齢者施設など、その運営管理にあたっては高い専門性が求められ、オペレーターの能力次第で収益が大きく変動する資産。

か行

・グランピング…Glamorous（魅力的な）と Camping（キャンプ）を組み合わせた造語。キャンプのようなテイストの宿泊施設。

さ行

・債権買取…金融機関が回収できなくなった債権を事業再生ファンドやサービサー（債権回収会社）が買い取ること。

・事業デューデリジェンス…事業内容、経営実態、経営環境を詳細に調査して、窮境要因の特定と改善方向性を探索すること。

・総合案内所…旅行会社に対し、ホテル旅館の宣伝営業活動を行う組織。「フロント」とも呼ぶ。

た行

- 第二会社方式…債権放棄の方式のひとつ。会社分割等の方法でプラスの資産を新会社（第二会社）に移して存続させ、負債が残る旧会社のほうを特別清算することによって整理するもの。
- タッピング…M&A を進める際に、相手先候補へ簡便的なヒアリングによって打診する初期的アプローチ。
- 中小企業活性化協議会…中小企業の収益力改善、事業再生、廃業・再チャレンジまで、幅広く経営課題に対応するため各都道府県に設置されている国の公的機関。
- 直接放棄…債権放棄の方式のうち、第二会社方式を用いずに直接の債権放棄をする方式。
- 呈茶…お客様におもてなしのお茶を差し上げること。
- デスティネーションキャンペーン…JR グループの 6 社が自治体や旅行会社などと共同で実施し、地域の魅力を発信して誘客する大型観光キャンペーン。

な行

- ノンネームシート…秘密保持契約を締結する前の段階で、M&A の相手先候補に提示する簡易な資料で、会社の概要を匿名でまとめたもの。

は行

- ブッフェ…テーブルにある料理を自由に取って食べる方式の食事スタイル。
- ホテル管理システム（PMS）…PMS は Property Management System の略。宿泊施設の管理システム。

ま行

- 街場…路面の飲食店。
- マルチタスク…ひとりのスタッフが、フロント業務、客室清掃、配膳サービスなど、複数の役割を兼任すること。

や行

・用度…仕入れ・購買担当者。

ら行

・リアルエージェント…旅行会社のうち、インターネット上のみで取引を行う OTA 以外の旅行会社。
・リスケ（リスケジュール）…返済期限の延長など、金融機関への債務の返済条件を変更すること。
・リノベーション…既存の建築物に改修を加え、価値を高めること。リフォームよりも大規模な改修。

わ行